ETF로 떠나는 세계 여행

글로벌 ETF

ETF로 떠나는 세계 여행
글로벌 ETF

초판 1쇄 인쇄 2023년 9월 20일
초판 1쇄 발행 2023년 9월 27일

지은이 이승원·권우희·정유경

발행인 장상진
발행처 (주)경향비피
등록번호 제2012-000228호
등록일자 2012년 7월 2일

주소 서울시 영등포구 양평동 2가 37-1번지 동아프라임밸리 507-508호
전화 1644-5613 | **팩스** 02) 304-5613

ISBN 978-89-6952-559-8 03320

ETF로 떠나는 세계 여행

글로벌

ETF

이승원 · 권우희 · 정유경 지음

경향BP

왜 투자 대상을
세계로 늘려야 하는가?

"투자 대상을 세계로 넓혀야 한다. 이는 현명한 투자자가 되기 위한 첫 걸음이다."

우리나라에 ETF가 처음 상장된 것은 2002년이었다. 당시 한국거래소에 상장된 ETF는 4개, 규모는 3,500억 원 수준이었다. 21년이 지난 2023년 8월 기준 한국거래소에는 760개 넘는 상품이 상장되어 있으며, 그 규모도 100조 원에 육박한다. 20여 년간 약 300배에 달하는 성장을 한 것이다. 거래소에서는 매일 평균 3조 원 이상의 ETF가 거래되고 있다.

이런 ETF 시장의 성장은 비단 우리나라뿐만 아니다. 2023년 7월 기준 전 세계에 상장되어 있는 ETF는 약 9,700개가 넘으며, 운용 규모는 한화로 10경 원에 다다르고 있다. ETF가 주식/채권 등과 함께 투자 수단으로 큰 자리매김을 한 것임에는 틀림없다.

이 책은 ETF 투자의 기초와 매매 방법 등 기본적인 내용에 초점을 두기보다는 다른 관점에서 ETF 투자 방법을 설명하고자 했다. 먼저 투자 대상으로서 각 나라를 구분 지었다. 우리나라를 포함한 각 국가에 대해 투자 관점을 어떻게 가져야 할 것인가, 그리고 그 나라에 투자할 때 어떤 점을 고려해야 하는지를 세분화되고 다각화된 차원에서 설명하였다. 아울러 본인만을 위한 포트폴리오를 구성할 수 있도록 투자 자산별 자산 배분 방법 등을 최대한 자세히 소개하였다.

무엇보다 우리는 왜 투자 대상을 세계로 늘려야만 하는지를 알아야 한다. 물론 국내에도 우량 주식이 많고, 한국이 금융 산업에서도 선진국에 다가서고 있는 것은 사실이다. 하지만 한국 투자 시장의 규모는 전 세계의 2% 수준밖에 되지 않는다. 투자 대상을 글로벌, 즉 전 세계로 확대하면 나머지 98%까지 투자할 수 있게 된다.

예를 들어 보자. 우리나라는 반도체 분야에서 세계적으로 꼽히는 나라임에 틀림없다. 하지만 D램과 낸드플래시 같은 메모리 반도체가 아닌 반도체 설계나 장비와 같은 비메모리 반도체까지 포함하면 반도체 산업을 선도한다고 하기에는 한계가 있다. 우리가 더 많은 기술력을 요하는 비메모리 반도체까지 투자하고 싶다면 미국을 중심으로 이루어져야 한다. 이처럼 '반도체 투자'만 하더라도 투자 대상을 한국만이 아닌 전 세계로 확대해야 한다는 것을 알 수 있다.

만약 투자자로서 비메모리 반도체 시황이 좋은 국면을 맞은 것을 알고 투자를 하기로 결정했다면, 어떻게 하는 것이 가장 효율적이고 바람직한 투자 방법이 될 수 있을까? 먼저 그에 맞는 주식을 고를 수 있다. 하지만 내가 고른 주식을 얼마만큼 잘 알고 투자하는 것인지 생각해 보아야 한다. 내가 투자한 기업이 어떤 사업을 주로 하는지, 그리고 얼마만큼 그 사업을 통해 이익을 내고 있는지, 앞으로 전망은 어떤지 등 각 개별 주식에 대한 사항을 알고 투자해야 한다. 모르고 투자하는 것은 투자가 아닌 도박이라고 할 수 있다.

그러나 전업 투자자가 아닌 일반 개인 투자자가 이런 세부적인 내용을 알기는 쉽지 않다. 개인적인 경험에 비추어 보면, 직접 선택한 종목에 대한 성공 확률은 그렇게 높지 않았다. 이러한 투자의 어려움을 해결할 수 있는 것이 바로 ETF이다. 예를 들어 비메모리 반도체에 투자해야겠다고 결정만 하면 비메모리 반도체 ETF 하나만 찾아도 쉽게 투자할 수 있다. 내가 투자하고 싶은 곳에 가장 쉽게 접근할 수 있는 투자 수단, 그것이 ETF이다.

일반적으로 개인 투자자는 주식이 좋을 때나 이미 많이 올랐을 때 주식을 쳐다본다. 그리고 ETF를 포함해서 '투자는 주식밖에 없다.'라는 고정관념도 갖고 있는 듯하다. 그런데 주식은 타이밍으로 투자해서는 안 된다. 성공 확률이 매우 낮기 때문이다. 주식에 투자할 때는 반드시 리스크를 감안한 분산 투자를 해야 한다.

ETF에는 주식만 있는 것이 아니다. 지금과 같이 전 세계가 금리를 올리는 상황에서는 채권에 대한 관심이 증대된다. 또한 이자를 받는 것처럼 투자할 때 '배당과 인컴'에 대한 관심도 점점 늘어 그와 관련된 ETF도 많이 상장되어 있다. 이런 다양한 종류의 투자 수단을 이용해 나만의 포트폴리오를 구성할 수 있다. 그 근간의 투자 수단이 바로 ETF이다.

결론은 미래를 바꿀 산업, 미래를 바꿀 대상에 투자해야 한다는 것이다. 이를 가장 빠르게 판단하고 투자할 수 있는 것이 ETF인 것이다.

이 책은 ETF 투자를 할 때 도움이 되는 내용으로 구성했다. 1~4장에서는 한국, 미국, 중국을 투자 대상 국가로서 심도 있게 다루었으며, 그 밖에 유럽, 일본, 인도 등 다른 나라도 다루었다. 각 나라를 대표하는 대표 지수에 대한 소개와 더불어 전망이 밝은 혁신성장산업에도 투자할 수 있는 가이드 라인을 제시하였다. 5장에서는 자산 배분에 대한 내용을 담았으며, 6장에서는 우리가 개인 투자자로서 가져갈 수 있는 포트폴리오의 좋은 예와 구성 방법을 설명했다.

마지막으로 'ETF'라는 혁신 상품에 아낌없는 지원을 해 주는 회사에 감사의 말씀을 올린다. 그리고 바쁜 업무에도 공동 집필 작업을 해 준 권우희, 정유경 매니저에게 감사한 마음을 전한다.

이승원

대한민국 ETF의 모든 것

3장

중국 ETF의 모든 것

4장

유럽, 일본, 인도 ETF의 모든 것

돈이 굴러 들어오는 자산 배분

나만의 포트폴리오 만들기

어디에 투자해야 할까?

필자는 ETF 투자 강연 등 투자와 관련해 설명할 수 있는 기회가 생기면 반드시 2가지 사항을 강조한다. 혁신성장산업에 투자하는 것과 연금에서 ETF 투자를 하는 것이다.

첫째, '혁신성장산업'에 장기적으로 투자해야 한다. 주변 사람들로부터 가장 많이 받는 질문이 "어디에 투자해야 하는가?"이다. 그때마다 "혁신성장산업에 투자해야 한다."고 대답한다. 혁신성장산업이란 과거 스마트폰이 등장하면서 세상을 바꿔 놓았던 것처럼 세상을 변화시키는 산업, 그리고 앞으로의 먹거리가 될 수 있는 산업을 말한다. 하지만 그 주식이 어떤 주식인지 알아맞히기는 앞서 언급한 것처럼 쉽지 않다.

증권사의 리포트에서 추천하는 종목이 항상 우리에게 좋은 수익을 가져다주지는 않는다. 오히려 후행적으로 따라가는 경우가 더 많다. 그러나 많은 수익률을 가져다줄 주식 한 종목을 알아맞히기는 어렵지만 앞으로 어떤 산업이 발전할 것인지를 인지하기는 어렵지 않다.

대표적인 혁신성장산업으로는 AI, 시스템 반도체, 2차전지, 환경, 로봇, 탄소 배출 등과 관련된 산업을 꼽을 수 있다. 우리는 빠르게 변화하는 세상에서 앞으로의 먹거리를 생각해 낼 수 있다. 그것을 아주 쉽게 투자할 수 있는 수단이 ETF이다. 하나의 기업보다는 그 산업에 대한 명확한 투자 기준을 갖고 있는 ETF를 이제는 쉽게 찾을 수 있고 투자할 수 있다.

둘째, '연금'에서 ETF 투자를 해야 한다. 여기서 말하는 연금은 회사에서 쌓아 주는 퇴직연금과 각 개인이 추가적으로 가입해서 납입하는 개인연금을 말한다. 통상 국민연금을 포함해 이 3가지 연금을 노후 보장을 위한 3대 연금이라고 한다. 노후 준비를 미리 해야 한다는 것은 누구나 알고 있다. 국민연금이나 기초연금만으로 노후를 대비하기에 부족하다는 사실도 알고 있다. 국민연금의 기금 고갈 이슈를 차치하고라도 반드시 젊었을 때부터 노후를 준비해야 한다.

'저축'에 대한 중요성은 모두 알고 있을 것이다. 예전 고금리 시대에는 은행에 저축하면 많이 모을 수 있었다. 워낙 금리가 높았고, 이를 복리로 계산하면 굳이 주식 채권과 같은 자본 시장에 투자하지 않아도 생각보다 많이 불릴 수 있었기 때문이다. 하지만 지금은 최근에 금리가 FOMC 등 여러 금융 환경의 변화 때문에 다시 높아졌다 하더라도 예전과 비교할 수는 없다. 또한 지금의 다소 높아진 금리 기조를 지속적으로 끌고 갈 수도 없을 것이다.

그렇다면 10년, 20년, 30년이 지난 은퇴 후 나의 미래를 준비하기 위해서는 퇴직연금을 과감하게 투자할 수 있어야 하고, 더불어 개인연금까지 보태는 것이 바람직하다. 따라서 이 2가지 연금계좌를 통해 물가상승률을 고려했을 때 실제 마이너스 금리라 할 수 있는 예금보다는 성장하고 있거나 앞으로 성장할 산업에 투자해야 한다.

국민연금의 투자만 보더라도 원금 보존 상품에만 투자하지 않는다. 미래의 수익률을 위해서 국내외 주식, 채권, 부동산, 원자재 등 다양한 자산에 투자한다. 이는 미래를 위해서는 저축이 아닌 투자가 이루어져야 한다는 것을 반증하는 것이다.

이 책을 읽고도 투자에 대해 정말 아무것도 모르겠다면, 투자의 대가 워런 버핏의 "90%는 S&P500 지수를 추종하는 인덱스펀드에 투자하고 나머지 10%는 국채를 매입하라."는 말대로만 해도 좋겠다. 이미 검증된 500개의 우량기업을 골라내고, 매년 그 기업에 대한 평가를 통해 잘하는 기업으로 알아서 바꿔 주는 지수에 투자하는 것은 잘못된 투자가 될 확률이 매우 낮다. 각 우량기업에 분산해서 투자하면서 이를 연금계좌를 통해 적립식으로 한다면 투자에서 실패할 확률은 더욱 낮아질 것이다.

1장

대한민국
ETF의 모든 것

01   왜 한국에 투자해야 하는가?

한국인이라고 해서 한국에만 투자하는 시대는 끝났다. 스마트폰에서 엄지손가락 몇 번만 움직이면 미국, 중국 등 다양한 나라의 주식을 직접 매수할 수 있을 뿐만 아니라 ETF를 활용해 다양한 신흥국을 비롯하여 해외 부동산, 원자재 등에도 투자할 수 있는 시대가 도래했다. 그럼에도 불구하고 한국은 높은 정보접근성, 리스크 관리, 유리한 세제 혜택, 성장성으로 인해 여전히 매력적인 투자처이다.

정보접근성이 좋다

투자에 정답은 없지만 오답은 있다. 바로 섣부른 판단과 근거 없는 믿음을 바탕으로 한 투자이다. '이제는 특정 국가가 대세다.'와 같은 소문에 휩쓸려 막무가내 식으로 투자를 하게 되는 경우를 상상해 보자. 물론 소문대로 해당 국가에 대한 투자가 성공을 거둘 수도 있다. 하지만 그 성과를 기다리는 과정에서 과연 흔들리지 않고 버틸 수 있을까? 해당 국가가 어떤 언어를 쓰는지, 인구가 몇 명인지, 어떤 문화적 특징을 가지는지도 모르는 상태에서 부족한 정보를 믿고 해당 국가에 대한 투자를 불안감 없이 지속하는 것은 결코 쉬운 일이 아니다.

한국인으로서 한국에 투자하게 된다면 이러한 불안감으로부터 자유로울 수 있다. 한국의 어떤 산업이 강한지, 어떤 기업이 각광받는지를 자연스럽게 알고 있기 때문이다. 삼성전자라는 굴지의 대기업이 반도체 말고 무슨 제품을 판매하는지, 카카오와 네이버가 어떠한 서비스를 출시하는지 등을 소비자와 투자자 양쪽 입장에서 확인할 수 있다.

특정 국가의 어떤 기업이 좋다거나 성장세가 어떻다는 말과는 차원이 다른, 방대하고 정확한 기업에 대한 정보를 별도의 노력 없이 가질 수 있는 것이다. 경영진이 직접 투자자들에게 기업의 현황 및 전망에 대해 설명하는 자리인 IR_{Investor Relation} 행사나 주주총회 등에 참여하기도 훨씬 수월하며 재무제표, 뉴스나 인터뷰 등의 자료를 구하고 이해하는 것도 아주 유리하다.

　정보접근성은 훌륭한 투자처를 찾는 데도 활용되지만, 리스크를 관리하는 데도 결정적인 역할을 한다. 잘 아는 국가, 즉 한국에 투자함으로써 국가의 경제 상황이나 정치적 갈등 같은 리스크에 민첩하게 반응할 수 있으며, 다른 나라에 투자할 경우 발생할 수 있는 환율 리스크로부터 안전망을 확보할 수 있다.

세금 혜택이 있다

많은 사람이 예적금을 들거나 펀드에 가입할 때 0.1%라도 더 높은 이자를 받기 위해, 0.01%라도 더 낮은 보수를 내기 위해 다양한 상품을 열심히 비교한다. 같은 논리로 투자 수익을 극대화하기 위해서는 세금에 대한 혜택을 반드시 확인해야 한다.

　국내주식형 ETF는 해외주식형 ETF나 해외상장 ETF, 기타 ETF 등 모든 ETF 대비 압도적으로 유리한 세제 혜택이 있다. (세금에 대한 내용은 세제 개편에 따라 변동할 수 있으며, 금융투자소득세 시행 시 투자자별, 투자 대상에 따라 유불리가 변화할 수 있다.)

　옆 페이지의 표를 통해 1억 원의 매매차익을 얻은 경우 발생하는 세금에 대해 알아보자. 국내에 상장한 해외주식형 ETF의 경우 매매차익 1억 원에 대한 배당소득세 15.4%, 즉 1,540만 원을 세금으로 지불해야 한다. 세전수익률이 100%였다면 세후수익률은 무려 84.6%까지 낮아지는 것이다.

해외상장 ETF의 경우도 살펴보자. 매매차익 1억 원 중 250만 원은 기본공제해 주지만, 나머지 9,750만 원에 대한 양도소득세 22%를 부과하여 총 2,145만 원의 세금이 부과된다. 세전수익률이 100%인 경우 세후수익률이 78.5%로 낮아지는 것을 확인할 수 있다. 또한 국가별로 매수매도 시 증권거래세도 추가 발생할 가능성이 있다.

반면 현재 기준으로 국내주식형 ETF의 경우 매매차익에 대한 세금이 전혀 부과되지 않는다. 즉 내가 얻은 수익을 온전히 내 자산으로 보유할 수 있다. 해외상장 ETF로 국내주식형 ETF에서 100% 수익률을 낸 것과 동일한 세후수익률을 얻기 위해선 128.5%에 육박하는 수익률, 즉 28.5%의 초과 수익을 내야 한다. 따라서 국내주식형 ETF의

ETF 세금 비교			
	국내주식형 ETF 투자 시	해외주식형 ETF 투자 시	해외상장 ETF 투자 시
매매차익	매매차익 1억 원 발생 가정		
기본 공제	없음	없음	250만 원
매매차익 과세	비과세	배당소득세 15.4%	양도소득세 22%
증권거래세	면제	면제	국가별 상이
과세대상 금액	1억 원	1억 원	9,750만 원
발생 세금	0원	1,540만 원	2,145만 원

덕인 세제 혜택도 투자에서 중요하게 고려해야 할 사항이다. 이러한 세제 혜택은 한국에 대한 투자 매력을 한껏 끌어올리는 요소라고 할 수 있다.

성장성이 좋다

정보접근성과 세제 혜택을 차치하더라도 한국은 투자하기에 매력적인 나라이다. 강력한 성장성을 내포하고 있기 때문이다. 이 성장성은 어디서 기인하는 것일까? 바로 세계적인 경쟁력을 갖춘 기업들과 해당 기업들의 핵심 기술 덕분이다. 한국은 다양한 핵심 산업에서 두각을 나타내고 있다. IT, 반도체, 2차전지와 전기차, 자율주행 같은 미래성장성이 기대되는 산업은 물론이며 조선, 화학, 건설 같은 전통 산업에서도 세계적인 기술력을 보유하고 있다.

한국은 이런 성장성과 동시에 안정성으로 투자 매력을 더욱 극대화시킨다. 여타 이머징 국가들도 성장성을 이유로 기대수익을 바랄 수 있지만 변동성을 고려한다면 상대적으로 안정성에서는 한국이 우월하다고 할 수 있다. 한국은 정치적으로 안정적이며 소득 수준이 높고 제도적으로 기업이 성장할 수 있도록 적극적으로 지원하고 있다.

또한 IMF나 금융위기, 코로나19 팬데믹 등에서 비교적 월등한 위기관리 능력을 보였으며 환율, 외환보유액도 안정적으로 관리해 내고 있다. 다시 말해 한국은 국가적 차원의 지원을 바탕으로 성장한 사업을 훌륭히 키워 내고 있으며 대내외 안정성도 튼튼한, 성장성과 안정성을 동시에 취할 수 있는 매력적인 투자국가임에는 틀림없다.

ETF로 한국에 쉽게 투자할 수 있다

그렇다면 정보접근성과 세제 혜택, 성장성을 누릴 수 있는 한국에 쉽게 투자할 수 있는 방법은 무엇일까? 바로 한국 대표 지수를 추종하는 ETF에 투자하는 것이다. 경제 뉴스에 관심이 있다면 익히 들어봤을 코스피KOSPI와 코스닥KOSDAQ이 바로 한국 주식 시장 전체를 대표하는 주가지수이다.

코스피는 1983년에 도입되었으며, 한국거래소에 상장된 기업들의 주가를 포함한 지수이다. 코스닥 대비 대형 기업 위주로 구성되었으며, 상장 요건도 더 까다로워 '제1시장'으로 불리기도 한다. 2023년 7월 31일 기준 코스피는 2,632.58포인트이다. 이는 1980년 1월 4일 기준 코스피 내에 있는 기업들의 시가총액을 100으로 했을 때, 현재 코스피 내 기업들의 시가총액이 얼마인지 나타내는 지수이다. 즉 43년간 코스피 내 기업의 크기가 약 26배 정도 커졌다는 것을 뜻한다.

반면 코스닥은 1996년에 설립된 중소기업 및 벤처기업 중심의 지수로서 상대적으로 작은 회사를 위한 시장인 만큼 상장 진입장벽이

_ ㅅ이 특징이다. 코스닥 역시 1996년 7월 1일을 기준으로 지수 내 기업들의 총 시가총액이 100임을 가정하여 현재의 값을 계산하며, 2023년 7월 31일 기준 코스닥은 935.97포인트이다.

한국 대표 지수인 코스피와 코스닥 두 주가지수를 보면 한국 전체 주식 시장의 움직임을 파악할 수 있다. 하지만 코스피는 2023년 현재 820여 개, 코스닥은 1,600여 개의 기업이 상장되어 있어 해당 기업 전체에 투자하기에는 조금 많다고 볼 수 있다. 그래서 대표 지수를 보다 효율적으로 구현하고자 상위 기업의 개수를 제한한 주가지수가 있다.

코스피200 내 TOP 10 기업 및 비중	
2023. 7. 31. 기준	
종목	비중(%)
삼성전자	29.36
SK하이닉스	6.17
포스코홀딩스	3.87
삼성SDI	3.06
NAVER	2.72
LG화학	2.65
현대차	2.44
기아	1.84
LG에너지솔루션	1.75
KB금융	1.56

출처: 블룸버그

코스닥150 내 TOP 10 기업 및 비중	
2023. 7. 31. 기준	
종목	비중(%)
에코프로	15.71
에코프로비엠	12.79
셀트리온헬스케어	4.56
엘앤에프	4.37
JYP Ent.	2.47
HLB	2.41
더블유씨피	1.28
펄어비스	1.27
에스엠	1.23
알테오젠	1.19

출처: 블룸버그

코스피의 경우 상위 200종목을 모은 지수인 KOSPI200이 있고, 코스닥의 경우 상위 150종목을 모은 코스닥150을 많이 활용한다. 실제로 ETF나 선물시장에서는 이렇게 압축된 지수를 더 많이 활용한다. 그럼 이제부터 ETF를 통해 손쉽게 코스피200과 코스닥150에 투자하는 방법을 자세히 살펴보자.

코스피200에 투자하는 ETF

오늘날 코스피200에 투자할 수 있는 ETF는 24개 이상, 코스닥150에 투자할 수 있는 ETF는 8개 이상으로 선택의 폭이 넓은 편이다. 지수를 추종하는 ETF의 특성 때문에 상장되어 있는 코스피200 ETF 간 성과에서는 큰 차이가 없다. 다만 개인 투자자가 조금이라도 합리적인 상품을 선별하여 투자하고자 한다면 다음 요소들을 고려해야 한다.

– **상장 기간:** 오래된 ETF일수록 과거 성과 및 운용 이력 및 성과 검증에 유리하다.

- **순자산 규모:** 적정 규모 이상의 순자산을 기반으로 안정적 운용이 가능하다.
- **거래량:** 사고파는 데 거래가 용이하고 적정가격에 매매 가능하다(순자산 규모와 비례하는 경향이 있다).
- **운용 보수:** 낮을수록 투자자에게 유리하다.
- **운용회사:** ETF 상품 및 운용의 전문성을 검증한다.

주요 코스피200 ETF

2023. 7. 31. 기준

No	운용사	ETF명	총 보수 (연, %)	상장일	시가총액 (억 원)
1	미래에셋자산운용	TIGER 200	0.05	2008. 4. 3.	24,422
2	삼성자산운용	KODEX 200	0.15	2022. 10. 14.	61,396
3	케이비자산운용	KBSTAR 200	0.017	2011. 10. 20.	13,009
4	한국투자신탁운용	ACE 200	0.09	2008. 9. 25.	4,686

출처: 데이터가이드

TR(Total Return) ETF - 분배금까지 재투자하고 싶을 때

주식에 배당금이 있다면 ETF에는 분배금이 있다. 코스피200을 추종하는 ETF 역시 주식의 배당금처럼 일정한 주기로 분배금을 지급한다. 다만 국내주식형 ETF의 경우 증권거래세는 면제, 매매차익은 비과세 대상이지만, 분배금에 대한 배당소득세 15.4%는 지불해야 한다.

이때 만약 투자자가 코스피200에 장기 투자하고 분배금을 받는 대신 분배금만큼 지수에 계속해서 재투자하는 것을 원한다면 TR ETF를 활용하는 방법이 있다. TR는 Total Return의 약자로 분배금을 알아서 재투자해 주어 분배금 자동 재투자와 과세이연의 효과를 누릴 수 있는 상품이다. 물론 세금만큼 기준가에 반영되므로 매도 시에 동일하게 배당소득세를 내야 한다. 분배금 자동 재투자와 과세이연의 효과만 있는 것이다.

참고로 TR 지수는 코스피200뿐만 아니라 미국 대표 지수인 S&P500, 나스닥100 등 다양한 지수를 추종하는 ETF에서 활용되고 있다. 통상적으로 상품명 뒤에 TR를 붙여 분배금을 주는 ETF와 구분하고 있다.

주요 TR ETF				

2023. 7. 31. 기준

No	ETF명	총 보수(연, %)	상장일	시가총액(억 원)
1	TIGER 200TR	0.09	2018. 11. 20.	289
2	TIGER 미국S&P500TR(H)	0.07	2022. 11. 25.	1,366
3	TIGER 미국나스닥100TR(H)	0.07	2022. 11. 25.	771

출처: 데이터가이드

레버리지 ETF - 더 공격적으로 투자하고 싶을 때

코스피200이 강하게 상승할 것이라 믿는 투자자라면 레버리지 ETF를 활용해 더 공격적인 투자를 할 수 있다. 레버리지란 지렛대를 뜻한다. 지렛대를 활용하면 무거운 무게도 들 수 있는 것처럼 투자에서도 지렛대, 즉 레버리지를 활용하여 수익률을 극대화할 수 있다.

국내 레버리지 ETF의 경우 기초 지수의 일간 수익률의 2배를 추종한다. 즉 KOSPI200이 1% 상승하면 당일 레버리지 ETF들은 그 2배인 2% 상승하는 것이다. 다만 레버리지 ETF는 양날의 검이다. 이를 반

KOSPI200 레버리지 ETF

2023. 7. 31. 기준

No	운용사	ETF명	총 보수 (연, %)	상장일	시가총액 (억 원)
1	미래에셋자산운용	TIGER 200선물레버리지	0.022	2017. 4. 25.	820
2	미래에셋자산운용	TIGER 레버리지	0.022	2010. 4. 9.	428
3	삼성자산운용	KODEX 레버리지	0.64	2010. 2. 22.	18,365
4	엔에이치아문디 자산운용	HANARO 200 선물레버리지	0.45	2018. 8. 14.	370
5	케이비자산운용	KBSTAR 200선물레버리지	0.6	2016. 9. 12.	209
6	키움투자자산운용	KOSEF 200선물레버리지	0.46	2016. 9. 12.	81
7	한국투자신탁운용	ACE 레버리지	0.3	2012. 1. 27.	99
8	한화자산운용	ARIRANG 200선물레버리지	0.06	2016. 9. 29.	97

출처: 데이터가이드

대로 말하면 KOSPI200이 -1%인 날은 -2%의 하락을 기록하기 때문이다. 따라서 주로 시장 변동성에 따른 단기 대응 전략에 활용된다.

주가가 위아래로 크게 움직이는 경우 레버리지 상품은 더욱 주의가 필요하다. 일명 '음의 복리 효과'로 수익률이 일반 지수 대비 저조해질 수 있기 때문이다. 예를 들어 100으로 시작한 지수가 오늘 10% 하락하고 내일 10% 오르면 지수는 100이 아니라 99를 기록한다. 반면 2배 레버리지 상품은 같은 기간 기준 지수가 100에서 20% 떨어진 80으로 갔다가 다시 20% 오른 96이 된다. 장이 널뛰면서 지수는 1%밖에 하락하지 않았지만 2배 추종 ETF는 4% 손해를 보는 셈이다. 이러한 음의 복리 효과가 누적됨에 따라 손실이 우려될 수 있으니 투자 목적에 맞추어 거래하여야 한다.

레버리지는 KOSPI200 외에 미국의 나스닥100, 중국의 CSI300 등에서도 활용되고 있다. 레버리지 상품은 ETF 명칭에 '레버리지'라고 표기되어 있기 때문에 구분하기는 어렵지 않다. 다만 국내에 상장한 레버리지 ETF에 투자하기 위해서는 투자 가능 요건을 충족해야 한다. 금융투자교육원 홈페이지에서 레버리지 상품 관련 사전교육을 수료해야 하며 계좌 내 예탁금도 1,000만 원 이상 보유해야 한다.

강의 수료 시 이수 번호를 받으면 본인이 사용하는 HTS나 MTS에서 이수 번호를 입력하고, 증권사 예탁금이 1,000만 원보다 높으면 바로 레버리지 상품을 매매할 수 있다. 그만큼 레버리지 상품은 투자에 신중을 기해야 한다는 것을 알 수 있는 대목이다. 따라서 레버리지 상품을 거래할 때에는 본인의 투자 성향 및 투자 목적과 위험 감수 능력을 잘 판단하여 투자해야 한다.

인버스 ETF와 인버스2X - 코스피200의 하락이 예상될 때

인버스 ETF는 '거꾸로'라는 말뜻 그대로 추종지수와 반대로 움직인다. KOSPI200이 1% 상승한다면 인버스 상품은 -1%를 기록한다. 따라서 인버스 ETF의 경우 지수 하락에 대한 헤지Hedge를 위해 활용하거나 지수의 하락에 베팅하고 싶은 경우 활용할 수 있다.

인버스 ETF를 2배로 추종하는 인버스2X ETF도 있다. 추종하는 지수가 1% 상승하는 경우 -2%를 기록하는 상품이다. 상품명 뒤에 인버스 또는 인버스2X를 확인하면 해당 ETF가 인버스 ETF인지 또는 인버스레버리지 ETF인지 확인할 수 있다.

코스피200 인버스 ETF					

2023. 7. 31. 기준

No	운용사	ETF명	총 보수 (연, %)	상장일	시가총액 (억 원)
1	미래에셋자산운용	TIGER 200선물인버스2X	0.022	2016. 9. 22.	1,105
2	미래에셋자산운용	TIGER 인버스	0.022	2010. 3. 29.	427
3	삼성자산운용	KODEX 200선물인버스2X	0.64	2016. 9. 22.	17,710

4	삼성자산운용	KODEX 인버스	0.64	2009. 9. 16.	7,427
5	엔에이치아문디 자산운용	HANARO 200선물인버스	0.45	2018. 9. 18.	46
6	케이비자산운용	KBSTAR 200선물인버스2X	0.6	2016. 9. 22.	246
7	케이비자산운용	KBSTAR 200선물인버스	0.6	2016. 9. 22.	159
8	키움투자자산운용	KOSEF 200선물인버스2X	0.46	2016. 9. 22.	84
9	키움투자자산운용	KOSEF 200선물인버스	0.46	2016. 9. 12.	36
10	한국투자신탁운용	ACE 인버스	0.15	2011. 9. 8.	33
11	한화자산운용	ARIRANG 200선물인버스 2X	0.06	2016. 9. 22.	94

출처: 데이터가이드

코스닥150 관련 ETF

2023. 7. 31. 기준

No	운용사	ETF명	총 보수 (연, %)	상장일	시가총액 (억 원)
1	미래에셋자산운용	TIGER 코스닥150	0.19	2015. 11. 12.	1,021
2	삼성자산운용	KODEX 코스닥150	0.25	2015. 10. 1.	5,857
3	케이비자산운용	KBSTAR 코스닥150	0.18	2017. 6. 16.	1,206
4	미래에셋자산운용	TIGER 코스닥150레버리지	0.32	2015. 12. 17.	599
5	삼성자산운용	KODEX 코스닥150레버리지	0.64	2015. 12. 17.	8,648
6	미래에셋자산운용	TIGER 코스닥150선물인버스	0.32	2016. 8. 10.	293
7	삼성자산운용	KODEX 코스닥150선물인버스	0.64	2016. 8. 10.	11,432

출처: 데이터가이드

03 알아 두면 쓸모 있는 ETF
- 반도체 ETF

제2의 골드러시에서 주인공이 돼라

사람들의 투자에 대한 뜨거운 열정은 비단 요즘 시대만의 이야기는 아니다. 19세기 중·후반 캘리포니아에서 거대한 금광이 발견되었다. 금을 캐서 막대한 부를 거머쥐고자 하는 인파가 캘리포니아에 몰리며 이른바 '골드러시'가 발생했다. 사람들은 작업용 청바지를 입고 곡괭이와 삽을 손에 쥔 채 금광을 캐기 위해 거친 노동을 지속했다. 하지만 대다수의 사람은 돈을 벌기는커녕 가진 돈을 탕진하고 고된 노동으로 건강만 악화된 채 금에 대한 환상을 접게 되는 상황에 처했다.

놀랍게도 수많은 광부가 금에 열광하는 동안 실제로 큰돈을 번 사람들은 금을 캘 때 필요한 삽과 곡괭이, 청바지 등을 만들어 판 이들이었다. 실제로 리바이스Levi's는 이 당시 튼튼한 청바지를 만들어 광부들에게 인기를 끌며 성장하여 지금까지도 굴지의 의류 기업으로 남아 있다.

'골드러시'라는 새로운 투자 상황에서 누군가는 고된 노동과 치열한 경쟁을 겪으면서까지 실패를 경험했다. 하지만 누군가는 금광 산업에 필요한 제품을 팔며 더 편하고 확실하게 성공을 쟁취할 수 있었다. 이 이야기를 통해 우리는 광부가 되기보다는 곡괭이 또는 청바지를 파는 사람이 되어야 한다는 것을 알 수 있다.

21세기 현재, 19세기의 '금광'과 같은 존재를 4차산업혁명에서 찾을 수 있다. 자율주행, 인공지능, 전기차, 메타버스 등 다양한 산업에서 빠르게 이루어지는 변화들이 우리의 가슴을 설레게 한다. 그렇다면 21세기의 청바지는 무엇일까? 필자는 반도체가 그러한 존재가 될 것이라고 생각한다. 지금부터 반도체 산업과 반도체 ETF를 알아보자.

반도체에 투자해야 하는 이유

반도체에 투자해야 할 이유는 끝없이 나열할 수 있을 정도로 다양하다. 반도체는 4차산업혁명에서 핵심적인 존재이며, 성장가능성이 높고, 기술적 장벽이 있어 경쟁자가 적다. 마진율 역시 좋다. 하지만 이러한 요소들은 그저 부수적인 이유일 뿐이다. 반도체에 투자해야 하는 진짜 이유는 바로 '폭발적인 수요 성장'이다.

우리가 사용하는 모든 전자제품에는 반도체가 필수라 해도 과언이 아니다. 스마트폰, 컴퓨터는 물론 가전제품과 자동차, 로봇에도 수많은 반도체가 사용되고 있다. 더욱이 4차산업혁명이 가속화되면서 인공지능이나 자율주행 등에 필요한 반도체의 수는 기하급수적으로 늘어나고 있다.

일례로 내연기관차에는 반도체가 200개가량 필요했다. 그런데 전

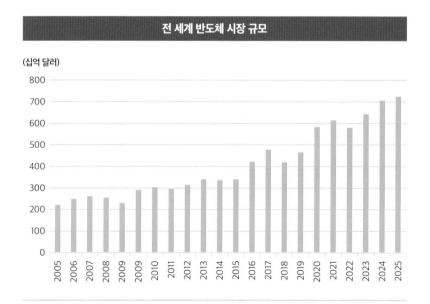

전 세계 반도체 시장 규모

(십억 달러)

출처: 블룸버그

기차에는 400~500개가 필요하고, 자율주행차에는 1,000~2,000개가 필요하다. 이처럼 구조적으로 4차산업혁명에서 반도체의 필요성은 절대적이며, 그 수요가 폭발적으로 성장하고 있다. 반도체가 핵심 자원을 의미하는 '산업의 쌀'이라는 별명을 가지게 된 것도 당연하다고 볼 수 있다.

실제로 2005년에는 2,203억 달러 규모에 불과했던 시장 규모가 2026년에는 무려 7,728억 달러를 달성하며 3.5배 이상 성장할 것으로 전망된다. 이처럼 반도체는 일시적인 시황에 따라 수요가 오르내림을 겪긴 하겠지만 장기적으로 우상향할 것임은 분명하다.

한국은 자타공인 반도체 강국이다

한국은 자타공인 반도체 강국이다. 국내 시가총액 1, 3위 기업만 봐도 삼성전자와 SK하이닉스로, 세계적인 반도체 기업이다. 시장 대표 지수인 KOSPI200에 투자하더라도 반도체 비중이 34%가 넘게 된다. 이는 수십 년간 지속된 정부의 반도체 산업 지원과 반도체 기업들의 투자 및 기술적 역량이 이루어 낸 결과이다.

잠시 반도체 시장에 대해 간략하게 짚고 넘어가도록 하자. 반도체는 크게 메모리 반도체와 비메모리 반도체로 나뉜다. 메모리 반도체는 '메모리'라는 말뜻 그대로 무언가를 기억하는 저장장치이다. 비메

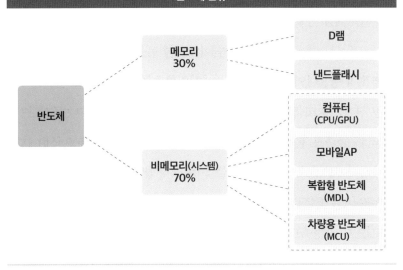

메모리
30%

D램

낸드플래시

반도체

비메모리(시스템)
70%

컴퓨터
(CPU/GPU)

모바일AP

복합형 반도체
(MDL)

차량용 반도체
(MCU)

자료: 가트너

모리(시스템) 반도체는 정보를 연산 및 처리하는 데 사용하는 반도체로 컴퓨터 CPU나 모바일 AP칩 등이 있다. 예를 들어 메모리 카드 같은 저장장치는 메모리 반도체, 인텔의 i9, 애플의 M1칩 같은 CPU는 비메모리 반도체로 생각하면 된다.

한국은 그중에서도 메모리 반도체에서 압도적인 영향력을 보유하고 있다. 삼성전자와 SK하이닉스가 세계 1, 2위를 차지하고 있으며 미국의 마이크론을 제외하면 실질적인 경쟁자도 없는 과점 시장이다. 그만큼 메모리 반도체 성장의 수혜를 누리기 위해서는 한국 기업에 대한 투자가 필수적이다.

하지만 세계적으로는 비메모리 반도체 시장이 훨씬 규모가 크다. 이러한 흐름에 맞춰 한국 역시 비메모리 반도체 산업 성장에 박차를 가하고 있다. 실제로 삼성전자는 2030년까지 130조 원이 넘는 금액을 비메모리 반도체에 투자할 것을 선언했다. 메모리 반도체에서 우위를 점한 한국이 가파르게 성장하는 비메모리 반도체 시장에 어떻게 진입할 것인지 주목하지 않을 수 없다. 적극적인 투자를 통해 한국이 비메모리 반도체 시장에서도 승기를 거머쥔다면, 한국은 4차산업혁명에서 보다 유리한 고지를 점할 수 있다. 이제 실제 투자할 수 있는 알아두면 쓸모 있는 ETF에 대해 살펴보도록 하자.

국내 반도체 ETF의 종류와 특징

옆 페이지의 표는 국내 반도체에 투자할 수 있는 ETF에 대해 간략하게 정리한 것이다. 총 6개의 ETF가 있다. 업종 전반에 투자하는 ETF부터 시총 상위 대표 기업에 집중 투자하는 ETF, 비메모리/시스템 반도체에 집중 투자하는 ETF 등으로 나눠 볼 수 있다.

TIGER 반도체와 KODEX 반도체는 동일한 지수를 추종하며, 삼성전자를 포함하지 않는 것이 특징이다. 이는 GICS 산업 분류 중 정보기술, 그중에서도 '반도체 및 반도체 장비 업체'에 속한 기업들에 투자하기 때문이다. 삼성전자의 경우 정보 기술 중 '하드웨어 및 IT장비'로

ETF명	총 보수(연, %)	상장일	시가총액(억 원)	투자 대상
TIGER Fn반도체TOP10	0.45	2021.8.10.	5,037	반도체 제조/소재/부품/장비 대표 기업
KODEX 반도체	0.45	2006.6.27.	5,066	반도체 및 반도체 장비 업체(삼성전자 미포함)
TIGER 반도체	0.45	2006.6.27.	2,422	반도체 및 반도체 장비 업체(삼성전자 미포함)
KBSTAR 비메모리반도체 액티브	0.50	2021.6.10.	2,060	비메모리 반도체 산업 밸류체인 전반(Cap 15%)
KODEX Fn시스템반도체	0.45	2021.7.30.	260	시스템 반도체 산업 전반
HANARO Fn K-반도체	0.45	2021.7.30.	714	반도체 및 반도체 매출 비중 10% 이상

국내향 반도체 ETF 현황

2023. 7. 31. 기준

출처: KRX

분류된다. 개별 종목의 최대 비중cap rate이 20%를 넘지 못하도록 제한하는 것도 특징이다. 삼성전자는 개별종목으로 보유하면서, 추가적으로 국내 반도체 기업에 투자하고 싶은 투자자들에게 추천한다.

TIGER Fn반도체TOP10은 반도체 제조/소재/부품/장비 대표 기업 10종목에 집중 투자하는 ETF이다. 주목할 만한 점은 반도체 대표 기업인 삼성전자와 SK하이닉스에 25%씩 투자하고 나머지 50% 내에서 시가총액 비중에 따라 편입 종목을 구성한다는 것이다. 즉 삼성전자와 SK하이닉스의 주가 향방을 따르면서 대표 반도체 기업들에도 투자하고 싶은 투자자들에게 추천한다.

HANARO Fn K-반도체 역시 삼성전자와 SK하이닉스를 25%씩 담지만 더 다양한 기업에 투자한다는 차이점이 있다.

KBSTAR 비메모리반도체액티브와 KODEX Fn시스템반도체는 비메모리/시스템 반도체에 주목하여 타 ETF들과 차별화하고 있다. KBSTAR의 경우 디자인, 제조, 패키징, 테스트 등 비메모리 반도체 밸류체인에 투자하며 개별 종목 투자 비중을 최대 15%로 한정해 중·소형 기업들의 영향을 크게 받는 점도 특징이다.

04 알아 두면 쓸모 있는 ETF
- 리츠 ETF

소액으로도 부동산 투자를 한다

한국에서 부동산은 안정적인 자산으로 여겨지곤 한다. 하지만 최근 금리인상기를 겪으며 부동산 가격이 하락하는 상황을 맞이하기도 했다. 이처럼 모든 부동산이 항상 상승하는 것은 아니다. 그렇기 때문에 부동산 역시 미래 성장성이 높고 유동인구가 많은, 즉 투자 가치가 높은 곳에 투자해야 한다. 그러나 현실적으로 개인이 다수의 부동산 또는 상업용 부동산에 투자하는 것은 어렵다. 투자 가치가 높은 부동산을 분석해야 하는 수고로움을 차치하더라도 건물에 투자할 수 있는 거대한 자본이 수중에 없기 때문이다.

하지만 리츠REITs에 투자한다면 누구나 손쉽게 부동산에 투자할 수 있다. 리츠란 Real Estate Investment Trusts의 약자로, 여러 투자자로 부터 자금을 모아서 부동산 또는 부동산 관련 대출에 투자하는 방법 이다. 즉 주식이 회사의 지분을 일부 사는 것이라면, 리츠는 부동산의 지분을 일부 사는 것이다. 리츠를 주식처럼 거래소에 상장하게 되면 이를 '상장 리츠'라고 한다. 상장 리츠는 5,000원 정도면 1주를 살 수 있다. 이를 통해 개인도 적은 자본으로 다양한 부동산에 투자할 수 있 게 되었다.

자본의 규모에 제약받지 않는다는 것 외에도 리츠는 다양한 장점 이 있다. 일례로 유동성(환금성)이 뛰어나다는 점도 리츠의 장점이다. 리츠를 통해 거래하면 일반 부동산을 직접 거래하는 것보다 거래가 용이하다. 일반 부동산의 경우 해당 건물의 일부만 거래하는 것이 어 렵고, 적절한 거래 상대방을 찾는 것이 어렵다. 하지만 리츠의 경우 부동산 관련 지분을 거래하는 것이므로 일부만 거래하는 것이 용이하 고, 이에 따라 거래 상대방을 찾는 것이 더욱 유리하다.

리츠의 장점			
1	소자본 투자 가능	4	분산 투자 효과
2	유동성(환금성)	5	투명성
3	전문가의 운용	6	세제 혜택

글로벌 ETF

또 다른 장점은 전문가가 직접 운용해 준다는 것이다. 전문가들이 좋은 투자처를 직접 선별하고 개발, 관리까지 알아서 해 주기 때문에 직접 부동산을 운용하는 것보다 편리하다. 또한 부동산은 주식이나 채권 같은 증권과 상관관계가 낮은 자산군으로 여겨지기 때문에 분산 투자 효과를 누릴 수 있다. 리츠의 경우 가격이나 거래 내역, 보유자 산 등에 대한 정보가 투명하게 공시된다는 점도 투자자 입장에서 안심할 수 있는 요소이다.

마지막으로 리츠는 보유자산의 90% 이상을 투자자들에게 배당하면 법인세를 면제받는다. 다시 말해 투자자에게 높은 배당지급율을 보장함으로써 법인세를 면제받으므로 투자자 입장에서는 안정적인 배당 확보가 가능하다.

국내 리츠 ETF의 종류와 특징

리츠는 주거용, 상업용, 오피스 등 다양한 분야로 나눌 수 있다. 한국

리츠의 종류					
1	오피스 리츠	4	주거 리츠	7	헬스케어 리츠
2	리테일 리츠	5	물류/산업 리츠	8	인프라 리츠
3	호텔 리츠	6	데이터센터 리츠	9	복합 리츠

리츠협회에 따르면 리츠를 총 9가지로 분류할 수 있다.

　오피스 리츠는 사무실을 소유 및 관리하며 해당 부동산을 세입자에게 임대하는 리츠이다. 주로 GBD(강남), CBD(광화문), YBD(여의도) 등 오피스 구역의 고층 프라임 빌딩을 자산으로 보유한다. 정부기관 또는 연구실 같은 특정 세입자에 중점을 두기도 한다. 리테일 리츠는 상가 등 소매 부동산을 소유 및 관리하며 대형 쇼핑몰, 아울렛, 백화점 등을 자산으로 보유한다.

　호텔 리츠의 경우 호텔과 리조트 등 숙박시설을 자산으로 보유하며, 주거 리츠의 경우 아파트·기숙사·고급 주택 등 다양한 형태의 주거용 부동산을 소유 및 관리한다. 물류/산업 리츠는 산업 시설을 소유 및 관리하며 창고 및 유통센터 등이 이에 포함된다. 쿠팡, 네이버쇼핑과 같은 전자상거래의 활성화에 따른 빠른 배송 수요를 충족하기 위해 필수적인 리츠이다.

　그 밖에도 데이터를 저장하는 시설의 데이터센터 리츠, 병원 및 요양원 등을 보유하는 헬스케어 리츠, 통신타워 및 에너지 파이프라인 등을 소유한 인프라 리츠 등이 있다. 다만 해당 리츠 3종은 국내의 경우 별도로 구분 짓지 않고 있어 국내 현행법상 제도적 보완이 필요하다. 참고로 투자자들에게 잘 알려진 맥쿼리인프라는 인프라 리츠가 아닌 인프라 펀드이므로 리츠와 헷갈리지 않도록 주의해야 한다. 마지막으로 다양한 형태의 부동산을 동시에 보유하고 있는 복합 리츠도 있다.

다양한 리츠 중 어느 리츠에 언제 얼마나 투자해야 할까? 전자상거래의 성장이 기대되는 만큼 물류/산업 리츠에 투자해야 할지, 안정적인 임대수익이 보장되는 오피스 리츠에 투자해야 할지, 여행 수요가 늘고 있으니 호텔 리츠에 투자해야 할지 고민될 수밖에 없다. 앞서 말했듯 부동산 역시 유망한 분야에 투자하는 것이 중요하다. 리츠 ETF는 부동산 시장 전반에 투자함으로써 이러한 고민을 해결할 수 있다.

국내 리츠에 투자하는 ETF는 아래 표의 4가지 상품으로 요약할 수 있다. 다만 TIGER 리츠부동산인프라채권TR KIS의 경우 채권이 25% 이상 섞여 있어 부동산과 채권에 분산 투자하는 ETF로 보는 것이 더욱 정확하다. TIGER의 경우 맥쿼리인프라를 보유하거나 채권을 섞음으로써, 히어로즈의 경우 액티브로 운용함으로써 포트폴리오의 차별화를 꾀했다.

리츠 ETF			

2023. 7. 31. 기준

ETF명	총 보수 (연, %)	시가총액 (억 원)	비고
TIGER 리츠부동산인프라	0.29	2,824	맥쿼리인프라 포함
TIGER 리츠부동산인프라채권TR KIS	0.22	286	맥쿼리인프라 포함 채권과 부동산 분산 투자
ARIRANG Fn K리츠	0.25	39	-
히어로즈 리츠이지스액티브	0.52	46	액티브(최대 20%)

출처: 데이터가이드

TIGER 리츠부동산인프라를 살펴보면 맥쿼리인프라를 높은 비중으로 보유하고 있다. 앞서 말했듯 맥쿼리인프라는 리츠는 아니지만 실질적으로 인프라리츠의 성격을 가지고 있는 인프라 펀드이므로 이를 편입함으로써 더 다양한 부동산 자산에 분산 투자할 수 있다. 뿐만 아니라 쿠팡에 물류창고를 대여하고 있는 ESR켄달스퀘어, SK, 미래에셋증권, 신한생명, 하나증권 같은 우량 임차인을 보유한 다양한 오피스 리츠, 롯데쇼핑을 임차인으로 하는 리테일 리츠 등 리츠 전 분야에 걸쳐 골고루 투자하고 있다.

TIGER 리츠부동산인프라 구성 종목 TOP 10

2023. 7. 31. 기준

구분	종목명	비중(%)
1	맥쿼리인프라	16.25
2	SK리츠	10.94
3	롯데리츠	10.44
4	ESR켄달스퀘어리츠	10.31
5	제이알글로벌리츠	9.71
6	신한알파리츠	6.64
7	코람코에너지리츠	5.93
8	KB스타리츠	4.90
9	삼성FN리츠	4.79
10	맵스리얼티1	4.60

출처: ETF CHECK

05 알아 두면 쓸모 있는 ETF
- 한국 문화 산업 ETF

K컬처 열풍에 올라타기

최근 몇 년간 한국 문화의 인기가 세계적으로 급상승하고 있다. K팝, K드라마, 한국 요리, 한국어 등 다양한 측면의 한국 문화가 인기를 끌고 있다. 그중에서도 한국 문화 산업에서 가장 주목할 만한 분야는 단연 K팝과 K콘텐츠이다. K팝은 아이돌 문화를 필두로 국내외에서 대중적인 인기를 누리면서 한국의 문화 산업을 선도하고 있다. 한국 콘텐츠는 넷플릭스 같은 OTT를 통해 글로벌 흥행신화를 쓰고 있음은 물론 그 작품성 또한 인정받고 있다.

K컬처 ETF의 종류와 특징

K팝은 전 세계적으로 인기를 끌고 있는 대표 콘텐츠 중 하나이다. BTS(방탄소년단), 블랙핑크, 트와이스 등의 K팝 그룹은 전 세계적으로 많은 팬층을 보유하고 있으며, 그들의 음악을 세계 어디에서나 들을 수 있게 되었다. 또한 K팝 그룹들의 음악뿐 아니라 춤과 무대 연출, 패션, 콘텐츠 등 다양한 요소도 K팝의 인기를 한층 더 높여 주는 매력 포인트 중 하나이다.

그 밖에도 한국의 콘텐츠는 많은 인기를 끌고 있다. 최근에는 넷플

K팝 앨범 판매량 추이

● 연간 앨범 판매량

연도	판매량
2013년	8,262,089
2014년	7,377,150
2015년	8,383,913
2016년	10,808,921
2017년	16,930,491
2018년	22,819,491
2019년	24,594,928
2020년	41,707,301
2021년	54,594,222

출처: 가온차트

릭스와 같은 글로벌 OTTOver The Top 서비스에서 한국 드라마가 높은 조회수를 기록하고 있으며, 차별화된 한국 콘텐츠의 고유한 감성과 스토리텔링 방식이 많은 관객에게 사랑을 받고 있다. 「기생충」, 「오징어게임」, 「스위트홈」, 「피지컬100」 등 다양한 콘텐츠가 세계적인 인기를 얻으며 한국 콘텐츠의 위력을 증명하고 있다.

이러한 콘텐츠 산업의 성장이 기대되는 이유는 다음과 같다. 가장 먼저 수요의 증가이다. 인터넷과 모바일 기술의 발전으로 인해 사용자들이 콘텐츠에 접근하는 수단이 증가하면서 콘텐츠 산업의 수요가 크게 증가하고 있다. 더불어 글로벌 시장이 확대되면서 콘텐츠를 전 세계적으로 손쉽게 공유하고 구매할 수 있는 시장이 형성되고 있다.

또한 콘텐츠 산업은 기존의 음악, 영화, 드라마뿐만 아니라 게임, 웹툰, 소설, 만화 등 다양한 콘텐츠로 그 형태를 다양화하고 있다. 이러한 다양한 콘텐츠 형태는 사용자들에게 더욱 많은 선택지를 제공하고 새로운 시장을 개척할 수 있는 기회를 제공한다. 예를 들어 'BTS'라는 그룹의 음반, 음원 판매뿐만 아니라 캐릭터 산업, 게임 사업까지 영역을 확장할 수 있게 되는 것이다.

마지막으로 디지털 콘텐츠 제작 및 배급 비용은 줄고 마진은 높아지고 있다. 이로 인해 작은 회사들도 쉽게 진입할 수 있는 시장이 형성되어 새로운 창작자들이 출현하고 콘텐츠 산업의 경쟁이 더욱 치열해지고 있다. 치열한 경쟁은 양질의 콘텐츠를 만들어 낼 것이고, 이는 다시 경쟁력 강화로 이어진다.

이와 같은 이유로 콘텐츠 산업은 매우 유망한 투자처로 볼 수 있다. 특히 글로벌 시장 확대와 다양한 콘텐츠 형태가 새로운 시장을 개척할 수 있는 기회를 제공하기 때문에 새로운 비즈니스 모델 및 수익 모델을 시도하는 기업이 더욱 많아지고 있다. 한국은 이러한 흐름 속에서 선도적인 입지를 만들었으며, 향후에도 한국 문화의 글로벌적 인기와 영향력은 더욱 커질 것으로 전망된다.

이제 K컬처에 투자할 수 있는 ETF에 대해 알아보도록 하자. 국내 미디어콘텐츠에 투자하는 ETF는 아래 표의 5가지 상품으로 요약할 수 있다. TIGER와 HANARO의 경우 엔터테인먼트 회사와 제작사 비중이 상대적으로 높다. KODEX는 카카오와 네이버의 비중이 다소 높은 것이 특징이고, TIMEFOLIO는 액티브 운용을 통해 바이오 및 IT 기업까지 포함하여 포트폴리오의 스펙트럼이 넓다고 볼 수 있다.

K컬처 ETF

2023. 7. 31. 기준

ETF명	총 보수 (연, %)	시가총액 (억 원)	비고
TIGER 미디어컨텐츠	0.33	1,048	엔터 및 제작사 위주
KODEX 미디어&엔터테인먼트	0.07	289	네이버 카카오 비중 높음
KODEX Fn웹툰&드라마	0.27	93	네이버 카카오 비중 높음
HANARO Fn K-POP&미디어	0.38	1,073	엔터 및 제작사 위주
TIMEFOLIO K컬처액티브	0.80	64	액티브, 바이오 기업 보유

출처: 데이터가이드

TIGER 미디어컨텐츠 구성 종목 TOP 10

2023. 7. 31. 기준

구분	종목명	비중(%)
1	에스엠	10.66
2	와이지엔터테인먼트	10.30
3	JYP Ent.	10.17
4	하이브	9.97
5	스튜디오드래곤	9.93
6	CJ ENM	9.49
7	디어유	9.13
8	위지윅스튜디오	5.35
9	덱스터	3.73
10	콘텐트리중앙	3.46

출처: 데이터가이드

HANARO Fn K-POP&미디어 구성 종목 TOP 10

2023. 7. 31. 기준

구분	종목명	비중(%)
1	JYP Ent.	27.03
2	하이브	23.41
3	에스엠	14.58
4	와이지엔터테인먼트	8.49
5	CJ ENM	5.91
6	스튜디오드래곤	5.52
7	SBS	2.33
8	YG PLUS	1.81
9	LG헬로비전	1.22
10	스카이라이프	1.15

출처: 데이터가이드

06 알아 두면 쓸모 있는 ETF
- 2차전지 ETF

2차전지는 한국의 차세대 먹거리다

자동차, 조선, 화학, 반도체에 이어 한국이 다시 한 번 세계적인 입지를 다지고 있는 분야가 있다. 바로 2차전지이다. 2차전지란 충전이 가능한 배터리를 뜻한다. 일회성으로만 사용할 수 있는 건전지와 같은 1차전지와 달리 2차전지는 반복적으로 충전하여 사용할 수 있다.

2차전지는 이미 우리 삶 속에 깊이 스며들어 있다. 스마트폰, 태블릿과 같은 각종 전자기기는 물론 전기자동차, 신재생에너지까지 다양한 분야에서 2차전지를 필요로 하고 있다. 모든 것이 디지털로 변화하고, 친환경에 대한 관심이 커져 가면서 2차전지의 중요성은 어느 때보다도 커지고 있다.

한국 2차전지의 장점

이러한 상황에서 한국은 2차전지 기술 분야에서 세계적으로 우수한 기술력을 자랑하고 있다. LG에너지솔루션, 삼성SDI, SK이노베이션과 같은 대형 기업들이 전기차, 신재생에너지 산업 등에 필요한 대용량 2차전지 기술 개발에서 선도적인 역할을 수행하고 있다. 해당 기업들은 꾸준한 투자와 연구 개발을 통해 2차전지 기술 경쟁력을 유지함으로써 세계 시장에서 경쟁 우위를 갖게 될 것으로 예상된다.

2차전지 분야에서 세계적인 경쟁력을 갖추기 위한 기업들의 경쟁은 필연적이다. 2차전지 시장의 폭발적인 수요 성장이 기대되기 때문이다. 다음 페이지의 그래프는 전 세계 전기자동차 및 리튬배터리 수급 전망이다. 전기차 수급량은 2022년 559만 대에서 2030년 2,187만 대로 4배 정도 큰 규모가 전망된다. 이에 따라 2차전지 수급도 252Gwh에서 1,033Gwh로 4배 이상 성장할 것이다. 뿐만 아니라 에너지저장 시스템인 ESSEnergy Storage System 역시 동 기간 약 8배가량 성장할 것으로 기대된다.

국제적인 기후 변화 문제로 환경 보호와 에너지 절약의 중요성이

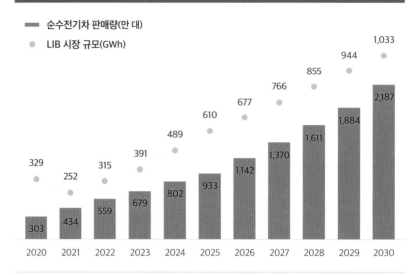

글로벌 전기자동차 및 리튬 배터리 수급 전망

- 순수전기차 판매량(만 대)
- LIB 시장 규모(GWh)

	2020	2021	2022	2023	2024	2025	2026	2027	2028	2029	2030
순수전기차 판매량	303	434	559	679	802	933	1,142	1,370	1,611	1,884	2,187
LIB 시장 규모	329	252	315	391	489	610	677	766	855	944	1,033

출처: TSR, FUJI, SNE Research 평균전망치

강조되면서 이러한 2차산업의 성장은 더욱 가속화될 것이다. 그 밖에도 모바일 기기, 로봇 등 다양한 분야에서 2차전지의 활용이 중요하다는 점도 2차전지 시장의 성장을 예측할 수 있는 근거이다.

한국 정부는 이러한 추세를 활용하기 위해 국내 2차전지 산업의 성장을 전폭적으로 지지하고 있다. 전력 인프라 확충 및 전기차 충전소 증축 등 2차전지의 생산 및 사용에 필요한 인프라 구축에 많은 투자를 하고 있다. 국내 대학, 연구소 등의 기술 개발을 위한 자금 지원 및 국제적인 기술 교류를 촉진하고 있으며, 자금 지원을 통해 장비 기술 확보를 위한 지원을 하고 있다. 이는 자연스레 생산성 확대로 이어진다. 뿐만 아니라 대중교통 내 전기차 보급(전기버스), 전기차 구매 시 장기 할부금리 인하, 보조금 지원, 전기차의 편의성을 위한 충전시설 확대 등 생산뿐만 아닌 수요 증가를 위해서도 노력 중인 것을 확인할 수 있다.

기업 역시 세계 시장을 선도하는 기업들과의 협력 및 합작을 통해 성장을 꾀하고 있다. 포드, GM, 볼보 같은 굴지의 자동차 기업들이 전기차로의 체질 전환을 위해 LG에너지솔루션, 삼성SDI 등과 협력하기로 하였다. 이는 글로벌 시장에서도 한국의 2차전지가 강력한 기술력과 경쟁력, 그리고 성장성을 갖추고 있기 때문이다.

국내 2차전지 ETF의 종류와 특징

국내 2차전지에 투자할 수 있는 ETF는 다음 페이지의 표와 같다. TIGER 2차전지테마의 경우 에코프로비엠, 에코프로, 엘엔에프 등 중·소형사의 비중이 높은 것이 특징이다. 반면 TIGER KRX2차전지K-뉴딜은 현금 일부를 제외 시 10종목에 집중 투자하고 있는 것을 알 수 있다. TOP 3 종목만으로도 전체 ETF의 75%가량을 차지한다. 결론적으로 TIGER 2차전지테마는 중·소형주 비중도 높고 31종목에 분산 투자하고 싶은 투자자에게 적합하고, TIGER KRX2차전지K-뉴딜의 경우 대형주 비중을 높이고 싶은 투자자에게 적합하다.

ETF명	총 보수 (연, %)	시가총액 (억 원)	상장일	비고
국내 2차전지 ETF				
				2023. 7. 31. 기준
TIGER 2차전지테마	0.50	13,238	2018. 9. 12.	• 구성 종목: 31종목 • 중·소형사 비중 높음
TIGER KRX2차전지K-뉴딜	0.40	4,101	2020. 10. 7.	• 구성 종목: 11종목 • TOP 3: 삼성SDI, LG엔솔, 포스코케미칼
KODEX 2차전지산업	0.45	11,885	2018. 9. 12.	• 구성 종목: 26종목 • TOP 3: 삼성SDI, 에코프로비엠, SK이노베이션
KBSTAR 2차전지액티브	0.35	1,199	2022. 4. 8.	• 구성 종목: 33종목 • 액티브, 상대적으로 고르게 비중 분배
TIGER 2차전지소재Fn	0.45	5,576	2023. 7. 13.	• 구성 종목: 19종목, 2차전지 소재에 집중 • TOP 3: 에코프로, POSCO홀딩스, 에코프로비엠
KODEX 2차전지 핵심소재10Fn	0.39	1,762	2023. 7. 4.	• 구성 종목: 11종목 • 소재 중심, POSCO홀딩스 미보유
SOL 2차전지소부장Fn	0.45	2,676	2023. 4. 25.	• 구성 종목: 21종목 • 2차전지 소재 중심, LG에너지솔루션, LG화학 미보유

출처: 데이터가이드

KODEX 2차전지산업의 경우 TIGER 2차전지와 비슷하지만 약간의 차이가 있다. TOP 5 종목인 삼성SDI, 에코프로비엠, SK이노베이션, 포스코케미칼, LG에너지솔루션의 비중이 80%에 다다르게 집중투자한다. KBSTAR 2차전지액티브는 2차전지 테마를 액티브로 운용하고 있다. 액티브 투자를 통한 앞선 세 ETF 대비 고르게 분산 투자를 하고 있다. 33종목에 투자하며 상위 5종목의 비중은 약 40%, 상위 15종목의 비중이 약 80% 정도이다.

2차전지의 핵심 경쟁력으로 꼽히는 소재에 집중하여 투자할 수 있는 ETF도 있다. TIGER 2차전지소재Fn의 경우 2차전지 소재에 집중적으로 투자할 수 있는 대표적인 ETF로 에코프로, POSCO홀딩스, 에코프로비엠, 엘엔에프 등 다양한 2차전지 소재 기업에 한 번에 투자할 수 있다.

국내 2차전지 ETF 비교

2023. 7. 31. 기준

구분	TIGER 2차전지 테마	TIGER KRX 2차전지 K-뉴딜	KBSTAR 2차전지 액티브	KODEX 2차전지 산업	TIGER 2차전지 소재Fn	KODEX 2차전지 핵심소재 10Fn	SOL 2차전지 소부장Fn
구성 종목 수	34	11	33	26	19	11	21
상위 5 비중	55.58%	88.43%	50.42%	81.95%	78.82%	83.16%	59.53%
상위 10 비중	85.94%	99.87%	74.73%	95.53%	93.34%	99.68%	85.49%
구성 종목 1	에코프로비엠	포스코퓨처엠	포스코퓨처엠	에코프로비엠	에코프로	포스코퓨처엠	에코프로
	12.63%	38.36%	13.96%	20.74%	20.56%	22.24%	14.80%
구성 종목 2	POSCO홀딩스	LG에너지솔루션	에코프로비엠	포스코퓨처엠	POSCO홀딩스	에코프로	POSCO홀딩스
	12.55%	18.74%	12.68%	18.13%	17.99%	19.13%	13.34%

구성 종목 3	에코프로	삼성SDI	에코프로	삼성SDI	에코프로비엠	에코프로비엠	에코프로비엠
	11.13%	16.67%	8.75%	16.10%	17.21%	19.05%	12.63%
구성 종목 4	포스코퓨처엠	LG화학	SK이노베이션	SK이노베이션	포스코퓨처엠	엘앤에프	포스코퓨처엠
	10.91%	8.24%	7.69%	14.44%	13.26%	11.90%	11.04%
구성 종목 5	LG에너지솔루션	에코프로	삼성SDI	LG에너지솔루션	LG화학	LG화학	엘앤에프
	8.36%	6.42%	7.34%	12.54%	9.80%	10.84%	7.72%
구성 종목 6	LG화학	에코프로비엠	LG에너지솔루션	엘앤에프	엘앤에프	코스모신소재	코스모신소재
	7.81%	5.25%	6.35%	6.19%	5.57%	4.91%	7.11%
구성 종목 7	삼성SDI	SK이노베이션	코스모신소재	SK아이테크놀로지	코스모신소재	나노신소재	LG화학
	7.70%	3.11%	4.92%	2.70%	3.41%	4.26%	7.06%
구성 종목 8	SK이노베이션	엘앤에프	엘앤에프	코스모신소재	SK아이이테크놀로지	SK아이이테크놀로지	SK아이이테크놀로지
	7.57%	1.78%	4.71%	2.48%	2.37%	4.00%	5.04%
구성 종목 9	엘앤에프	SK아이이테크놀로지	SK아이이테크놀로지	SKC	더블유씨피	대주전자재료	더블유씨피
	4.54%	0.76%	4.29%	1.12%	1.60%	1.76%	3.39%
구성 종목 10	코스모신소재	SKC	POSCO홀딩스	피엔티	SKC	롯데에너지머티리얼즈	SKC
	2.74%	0.54%	4.04%	1.09%	1.57%	1.59%	3.36%

출처: ETF CHECK

2장

미국 ETF의
모든 것

01 왜 미국에 투자해야 하는가?

가장 크고 혁신적인 시장이다

미국은 ETF 투자에서 가장 매력적인 투자처 중 하나이다. 미국에 투자해야 할 이유는 여러 가지가 있지만, 그중 가장 주목할 만한 것은 '규모'와 '혁신성'이다.

2022년 3월 기준 미국의 주식 시장은 약 6.5경 원으로 세계에서 가장 큰 자본 시장이자, 글로벌 시장을 주도하는 수많은 첨단 IT 기업을 가지고 있다. 시가총액이 가장 큰 애플Apple부터 마이크로소프트Microsoft 등 약 2만여 개의 개별 기업이 미국에 상장되어 있다. 컴퍼니

즈마켓캡의 발표에 의하면, 2022년 12월 기준 상위 10개 기업 중 사우디아람코를 제외한 9개 기업을 미국이 차지하며, 100대 기업 중 62곳은 미국에 본사를 두고 있다.

그렇다면 미국은 500여 년이라는 짧은 시간 동안 어떻게 이토록 성장할 수 있었을까? 비결은 바로 글로벌 산업을 이끈 '혁신성'이라고 할 수 있다. 미국은 1990년 초반 IT 산업혁명부터, e커머스, 4차산업혁명을 모두 주도적으로 이끌며 성장했다.

현재도 미국을 바탕으로 성장세를 보이는 다국적 기업들이 전 세계적으로 큰 영향력을 미치고 있다. 그중 시가총액 10대 기업에 포함

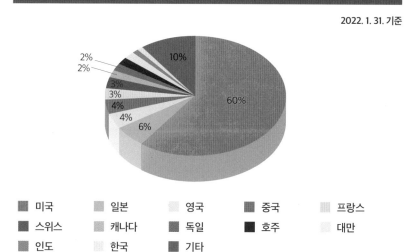

전 세계 국가별 시가총액 비중

2022. 1. 31. 기준

출처: 블룸버그

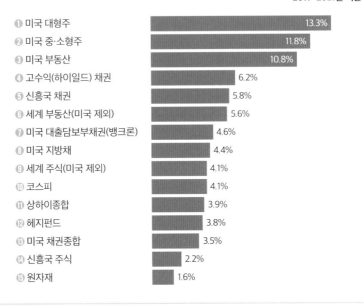

15개 투자 대상별 11년간 연평균 수익률

2011~2021년 기준

순위	투자 대상	수익률
❶	미국 대형주	13.3%
❷	미국 중·소형주	11.8%
❸	미국 부동산	10.8%
❹	고수익(하이일드) 채권	6.2%
❺	신흥국 채권	5.8%
❻	세계 부동산(미국 제외)	5.6%
❼	미국 대출담보부채권(뱅크론)	4.6%
❽	미국 지방채	4.4%
❾	세계 주식(미국 제외)	4.1%
❿	코스피	4.1%
⑪	상하이종합	3.9%
⑫	헤지펀드	3.8%
⑬	미국 채권종합	3.5%
⑭	신흥국 주식	2.2%
⑮	원자재	1.6%

출처: NH WM마스터즈

된 애플, 구글, 테슬라 등은 불과 20년 전만 해도 상위 리스트에서는 볼 수 없던 기업들이다. 이처럼 빠른 속도로 새로운 혁신 기업이 등장해 세계 시장을 이끌고 있는 시장이 바로 미국이다. 따라서 미국은 성장을 지속하는 매력적인 투자처임에는 틀림없다.

투자의 안전판이며 합리적이다

미국에 투자해야 하는 또 다른 이유로는 기축통화인 '달러'와 미국 시장의 '합리성'을 꼽을 수 있다. 달러는 현재 전 세계가 사용하는 기축통화이자 대표적인 안전자산으로, 대부분의 원자재 및 상품이 달러로 거래된다.

역사적으로 달러는 특히 2022년과 같이 국내외 경제가 불안하고 변동성이 높은 시장에서 상대적으로 가치를 인정받았다. 2008년 미국발 금융위기 때는 원-달러 환율이 1,540원대, 2011년 유럽발 금융위기 때는 1,570원대, 2022년에는 러시아-우크라이나 전쟁 및 인플레이

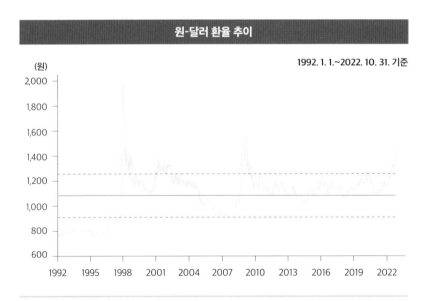

원-달러 환율 추이

1992. 1. 1.~2022. 10. 31. 기준

출처: 블룸버그

선으로 인한 증시 불안 및 긴축으로 인하여 1,440원대까지 치솟았다. 이처럼 변동성이 높아질 경우 안전자산으로서 달러의 가치는 올라가게 된다. 따라서 미국, 즉 달러 자산에 투자하는 것만으로도 하락장에서 내 자산을 일정 부분 보호할 수 있다.

미국 시장의 또 다른 특징은 매우 합리적이라는 것이다. 통상적으로 우리가 투자하는 기업들은 미국 시가총액 1위 시장인 뉴욕증권거래소와 기술주 중심의 나스닥에 상장된 기업들이다. 상장된 기업들은 분기 실적을 의무적으로 발표해야 하며, 미국 상장사의 기업 실적은 정규 시장 전에 열리는 프리마켓과 장이 마친 뒤 이루어지는 애프터마켓에서 발표된다. 매출, EPS, 전년 동기 대비 실적 등이 발표되는데, 주가에 직접적인 영향을 미쳐 미국 투자에서 실적은 투자의 바로미터로 불리기도 한다.

미국의 높은 기관 투자자 비중도 합리적인 시장 형성의 중요한 요소이다. 기관 투자자들은 흔히 증시의 안전판으로 불리며, 증권 수급의 원활한 조절과 전문지식에 기반한 합리적인 투자를 통해 증권 시장 안정에 도움을 준다. 실제 기관 투자자들은 미국 등 선진국에서 주식 시장 활성화를 이끌어 낸 장본인이다. 기관 중심의 간접상품 활성화가 장기 투자의 대중화로 이어져 주식 시장에 긍정적으로 작용했기 때문이다. 즉 기관은 시장이 과열되면 진정시키고, 시장이 망가지면 제자리로 돌려놓는 안전판의 역할도 수행한다.

주주환원정책이 있다

미국은 자본주의에 뿌리를 두고 성장한 나라로 일찍부터 주주들에 대한 존중의 문화가 자리 잡혀 있다. 주주에 대한 존중을 확인할 수 있는 대표적인 것은 '주주환원정책'으로 기업의 이익을 주주들에게도 돌려주는 정책을 의미한다. 주주환원정책은 단기적인 인컴일 뿐 아니라 기업가의 경영 마인드 및 향후 성장성 등을 엿볼 수 있는 중요한 지표이기도 하다.

주주친화적인 시장 구조는 자기자본이익률ROE을 꾸준히 상승시켜 미국을 더욱 투자자들에게 매력적인 시장으로 만들어 준다. 실제

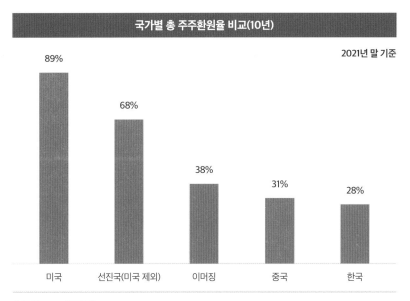

국가별 총 주주환원율 비교(10년)

2021년 말 기준

- 미국: 89%
- 선진국(미국 제외): 68%
- 이머징: 38%
- 중국: 31%
- 한국: 28%

출처: Factset, KB증권

2021년 말 기준 10년간 국가별 총 주주환원율을 비교하면 미국은 약 89%로 여타 선진국들에 비해 높은 수치를 보인다.

이처럼 미국은 자본 시장의 역사가 긴 만큼 투자자들에게 더욱 우호적이고 친근한 시장이며, 배당금 증액 기간에 따라 호칭을 부여할 만큼 주주들에게 배당을 안정적으로 지급하는 회사를 많이 보유하고 있다. S&P500 지수 내 배당을 5년 이상 증액한 기업은 배당 블루칩, 10년 이상은 배당 챔피언, 25년 이상은 배당 귀족 그리고 50년 이상은 배당킹이라고 부른다.

배당을 장기간 동안 증가시킨 기업이 많다는 것은 미국이 지속적으로 성장해 온 나라이며 탄탄한 기업들을 바탕으로 향후에도 꾸준한 성장을 기대할 수 있다는 뜻이기도 하다.

02 미국의 대표 지수
- S&P500, 나스닥100, 다우존스30, 러셀 지수

미국 대표 지수는 특히 초보 투자자들이 더욱 주목해야 한다. 앞서 살펴본 것과 같이 미국은 전 세계 투자 시장의 약 60%를 차지한다. 다시 말해 미국 대표 지수 투자는 내 계좌에 세계 경제의 성장을 손쉽게 담을 수 있는 방법이기 때문이다.

미국 대표 지수는 다음 페이지의 표와 같이 크게 S&P500, 나스닥100, 다우존스 산업평균지수 3가지로 나뉜다. 러셀 지수는 미국의 중·소형주 투자 시 주목해야 하는 지수이다. 각 지수마다 산출 방법 및 구성 종목이 다르며, 투자 성향에 맞는 지수 선택이 중요한 만큼 하나씩 살펴보도록 하자.

미국의 주요 대표 지수 비교			
	나스닥100	S&P500	다우존스30
발표 연도	1985	1957	1896
투자 대상	나스닥 상장주식 (뉴욕증권거래소 주식 제외)	미국 상장주식 (뉴욕 증권거래소 + 나스닥)	미국 상장주식 (뉴욕 증권거래소 + 나스닥)
종목 수	100	500	30
지수 산출 방식	유동시가총액 가중 방식	유동시가총액 가중 방식	가격 가중 방식
특징	• 미국증권업협회에서 도입 • 나스닥 시장에서 거래되고 있는 전 종목을 대상으로 하여 산출한 지수	• Standard&Poor's에서 발표 • 기업규모, 유동성, 산업 대표성 등을 감안하여 선정한 500개 종목으로 구성된 지수	• 다우존스사에서 발표 • 거래소에 상장된 30개의 우량주를 선정하여 구성

출처: 미래에셋자산운용

S&P500 - 꾸준한 우상향 추세

S&P500은 미국을 대표하는 지수로 500개의 우량기업으로 구성되어 있다. 글로벌 시가총액의 60%이자 미국 전체 주식 시장의 약 83%를 포함하고 있어 미국 경제를 가장 잘 추종한다. 해당 지수는 미국의 스탠더드 앤드 푸어사가 기업의 규모, 유동성 및 산업 대표성을 감안하여 선정하며 시가총액 비중에 따라 종목을 담는 시가총액 가중 방식을 사용하는데, 시가총액이 클수록 지수에 미치는 영향력이 커져 시장 전체 동향 파악에 용이하다. 따라서 S&P500은 미국 전체에 투자하

고 싶은 투자자에게, 또 어떤 종목에 투자해야 할지 모호한 투자자에게 현명한 선택지가 될 수 있다.

S&P500 지수의 또 다른 매력은 바로 '지속적으로 우상향 추세'를 보였다는 것이다. 물론 닷컴버블 붕괴, 글로벌 금융위기, 코로나19 팬데믹 등 현재까지 수차례 폭락장을 거쳤지만 결과적으로 일정 기간 이후 상승세를 지속했다.

이러한 상승세와 회복탄력성으로 인해 실제 S&P500을 장기적으로 아웃 퍼폼하는 액티브 펀드는 소수에 불과하다. 지난 15년간 S&P500 지수 대비 성과가 좋았던 미국 대형주 펀드의 비율은 평균 30%에 불

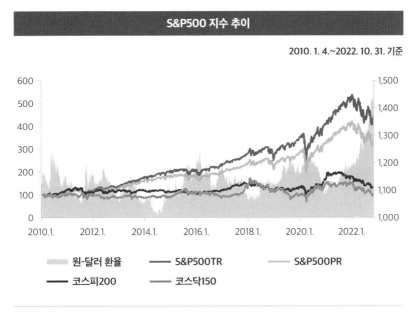

S&P500 지수 추이

2010. 1. 4.~2022. 10. 31. 기준

범례: 원-달러 환율, S&P500TR, S&P500PR, 코스피200, 코스닥150

출처: 블룸버그, 미래에셋자산운용

과하며, 투자 기간이 길어질수록 미국 대형주에 투자하는 액티브 펀드는 S&P500 지수를 언더퍼폼하는 경우가 많다. 이처럼 장기 우상향하며 꾸준한 수익률을 보여 주기 때문에 S&P500은 미국 장기 투자의 대명사로 불리며 많은 사람이 연금계좌에서도 투자하고 있다.

S&P500 ETF - 가장 대표적인 상품

S&P500 ETF는 미국 투자 ETF 중 가장 대표적인 상품으로 국내외에 다양한 ETF가 상장되어 있다. 옆 페이지 상단의 표와 같이 전 세계 ETF 중 순자산총액AUM이 가장 큰 TOP 3는 모두 S&P500을 추종하고 있으며, S&P500 지수를 기초/비교 지수로 사용하고 있는 자산의 규모는 15.6조 달러에 달한다(2021년 말 기준). 이는 수십 년간 지속된 관심의 결과이자 인기의 척도이기도 하다.

그중 SPDR S&P500 ETF(이하 SPY)를 빼놓을 수 없다. SPY는 세계 최초의 ETF이자 단일 ETF로 전 세계에서 최대 규모를 자랑한다. 2022년 기준 SPY의 시가총액은 약 540조 원으로 한국의 코스피 시장 규모인 2,100조 원의 약 25% 수준이다. SPY의 경쟁 상품으로는 iShares Core S&P500 ETFIVV와 Vanguard S&P500 ETFVOO가 있는데, 세 ETF 모두 S&P500을 추종하므로 운용 방법 및 전략에서는 큰 차이가 없지만 보수, 설정 기간, 규모 등에 차이가 있다.

글로벌 ETF 시가총액 TOP 3

2023. 7. 31. 기준

순위	티커	ETF명	총 보수(연, %)	시가총액(억 달러)
1	SPY	SPDR S&P500 ETF Trust	0.0945	4,265.4
2	IVV	iShares Core S&P500 ETF	0.03	3,518.0
3	VOO	Vanguard S&P500 ETF	0.03	3,363.0

출처: ETF CHECK

　　국내에도 S&P500을 추종하는 다양한 ETF가 상장되어 있다. 동일한 지수를 추종하는 ETF 중 가장 합리적인 투자를 하기 위해서는 앞서 살펴본 바와 같이 각 ETF의 상장 기간, 순자산 규모, 운용하는 회사, 보수 등을 확인하면 된다.

　　이때 국내 ETF를 살펴보면 해외 상장된 ETF와 달리 종목명에 (H)

국내 상장된 주요 S&P500 ETF

2023. 7. 31. 기준

순위	ETF명	총 보수(연, %)	시가총액(억 원)
1	TIGER 미국S&P500	0.07	19,464
2	TIGER 미국S&P500선물(H)	0.30	3,048
3	ACE 미국S&P500	0.07	5,798
4	KBSTAR 미국S&P500	0.021	2,271
5	KODEX 미국S&P500TR	0.05	5,771

출처: ETF CHECK

가 있는 ETF를 종종 확인할 수 있는데, 이는 환율에 영향을 받지 않도록 환헤지를 했다는 뜻이다. (H)는 환헤지Hedge의 앞글자로 외환 거래에 따르는 환율 변동 위험을 없앤 상품을 의미한다. 환율이 상승세를 탈 때는 환노출 상품이 유리하지만, 환율 하락이 예상되는 상황에서는 환헤지를 통해 리스크를 줄이는 것이 효과적일 수 있다.

TIGER 미국S&P500은 환노출 ETF이며, 대표적인 환헤지 ETF로는 TIGER 미국S&P500선물(H)이 있다. 달러에 대한 환헤지를 시행하기 때문에 환노출 상품에 비해 환율 변동에 따른 변동성을 줄일 수 있지만, 환헤지 비용 등이 있어 보수가 상대적으로 높다.

장기 투자의 관점에서 보면 환노출 상품이 환헤지 상품보다 높은 수익률을 기록했다. 따라서 상품을 선택할 때는 투자 당시의 환율 상황 등을 고려하면서 투자해야 한다.

나스닥100 - 혁신성장산업 중심

나스닥100은 혁신 성장을 대표하는 지수이자 S&P500 지수와 함께 미국을 대표하는 지수이다. 기술주 중심의 나스닥 시장에서 금융주를 제외한 IT, 소프트웨어, 통신, 헬스케어, 생명공학 등 혁신 산업 기업들 중 상위 100개 기업으로 구성되어 있어 혁신 기술이나 유행에 민감하다.

나스닥100 지수에 투자하는 이유는 다양하지만 가장 큰 이유는 '혁신적인 산업'에 투자해 보다 높은 수익률을 기대할 수 있기 때문이다. 실제 나스닥100 지수는 최근 10년간 IT 혁명, 산업혁명 시대를 거치며 혁신 기술을 바탕으로 급격한 성장세를 보였으며, 2021년에는 지수의 약 86%에 해당하는 기업이 이러한 최신 혁신 기술을 보유한 것으로

나스닥100 지수 성장 연혁

1985. 2. 1.~2022. 10. 31. 기준

1986
마이크로소프트 상장
1년 만에 3배 급등

1992
스타벅스 상장

1995
어도비 플래시 공개
웹 플러그인으로
세계 인터넷 역사 기록

1997
아마존 상장
직후 31% 상승

2003
구글 안드로이드 OS 개발,
블로그 닷컴 SNS 인수 등
과감히 투자

2007
애플 아이폰 탄생

2012
테슬라 최초로 모델S 공개

2014
메타 오큘러스 인수

2017
브로드컴 59억 달러에
브로케이드 인수

2019
엔비디아 시가총액
인텔 추월

2021
넷플릭스 유료 가입자
2억 명 돌파

출처: 각 기업, 블룸버그

조사되었다.

과거의 데이터가 미래를 반드시 보장해 주는 것은 아니지만, 나스닥100 지수에 포함된 기업들은 적극적인 R&D 투자와 특허 개발을 진행하며 성장 동력을 키우고 있어 미래가 더욱 기대된다고 할 수 있다. 나스닥100 지수 구성 종목의 1년 평균 R&D 투자 규모는 약 131억 달러로 약 77억 달러인 S&P500 지수에 비해 약 2배 가까운 투자 규모를 보였으며, 그 결과 2021년 한 해 동안 AI, 클린에너지, 블록체인 등 34개의 핵심 기술 분야에서 특허를 출원하였다. 또한 나스닥100 지수는 AI, 빅데이터, 로보틱스, 클라우드 등 다양한 기술 테마로 구성되어 있어 다양한 산업 발전의 수혜를 모두 누릴 수 있다.

나스닥100 ETF - 미국 기술주에 투자

나스닥100 ETF는 국내외로 가장 많은 관심을 받는 상품 중 하나이다. 그중 가장 대표적인 ETF는 Invesco QQQ Trust(이하 QQQ)이다. 한국에서는 QQQ에서 파생된 레버리지, 인버스 ETF도 큰 인기를 끌고 있다. QQQ에서 파생된 QQQ 형제들을 잠깐 짚어 보자.

Proshares Ultra QQQQLD는 나스닥100 지수의 일간 수익률 2배를 추종하는 ETF이며, Proshares UltraPro QQQTQQQ는 일간 수익률 3배를 추종한다. 그중 특히 TQQQ가 역외 ETF 중 개인순매수액이 약

국내 상장된 주요 나스닥100 ETF			

2023. 7. 31. 기준

순위	ETF명	총 보수(연, %)	시가총액(억 원)
1	TIGER 미국나스닥100	0.07	24,296
2	ACE 미국나스닥100	0.07	4,806
3	KODEX 미국나스닥100TR	0.05	4,873
4	KBSTAR 미국나스닥100	0.21	2,609
5	KODEX 미국나스닥100선물(H)	0.05	1,324

출처: ETF CHECK

29,974억 원을 기록하며 국내 투자자들에게 많은 관심을 받았다. 이는 역외 ETF 중 개인순매수 1위이다.

미국과 달리 국내에서는 일간 수익률 3배를 추종하는 레버리지 상품의 상장이 금지되고 있다. 그런데 미국 역시 금융 투자의 위험성을 인지하여 금융당국이 파생 상품 관련 규정들을 강화하여 향후에는 3배 레버리지 ETF가 상장할 수 없게 되었다. 국내에도 다양한 나스닥100 ETF가 상장되어 있으며, 그중 TIGER 미국나스닥100이 규모가 가장 크고 역사가 오래되었다.

다우 지수 - 초우량기업 30종목

다우 지수의 정확한 표현은 다우존스 산업평균지수로, 미국을 대표하

	다우 지수 구성 종목				

2023. 7. 31. 기준

No	종목명	비중 (%)	No	종목명	비중 (%)
1	UnitedHealth Group Inc	8.89	16	Walmart Inc	2.83
2	Goldman Sachs Group Inc/The	6.24	17	Chevron Corp	2.81
3	Microsoft Corp	5.98	18	JPMorgan Chase & Co	2.77
4	Home Depot Inc/The	5.86	19	Procter & Gamble Co/The	2.76
5	McDonald's Corp	5.2	20	International Business Machines Corp	2.53
6	Caterpillar Inc	4.6	21	3M Co	1.98
7	Boeing Co/The	4.22	22	NIKE Inc	1.92
8	Amgen Inc	4.18	23	Merck & Co Inc	1.88
9	Visa Inc	4.17	24	Walt Disney Co/The	1.52
10	Salesforce Inc	3.99	25	Coca-Cola Co/The	1.1
11	Apple Inc	3.46	26	Dow Inc	0.98
12	Honeywell International Inc	3.45	27	Cisco Systems Inc	0.92
13	Johnson & Johnson	3.08	28	Intel Corp	0.65
14	Travelers Cos Inc/The	3.06	29	Verizon Communications Inc	0.6
15	American Express Co	2.92	30	Walgreens Boots Alliance Inc	0.53

출처: 블룸버그

는 최고 우량주 30종목으로 이루어진 지수이다. 1884년에 발표되어 가장 오랜 역사를 가지고 있으며, 과거와 현재의 미국 증시를 비교할 수 있는 유일한 지수로서 현재까지도 공신력과 영향력이 크다. 실제 1900년대 초반의 대공황을 파악할 수 있는 지수로는 다우 지수가 유일하다.

S&P500과 달리 주식의 주당 가격에 따라 산출하는 '가격 가중 방식'으로 지수를 산출하며, 초우량기업 30종목으로만 구성되어 있어 다른 인덱스와 차별성을 보인다.

미국에 상장된 대표적인 ETF로는 SDPR Dow Jones Industrial Average ETF(이하 DIA)가 있다. 상장 23년 차의 전통 있는 ETF로, 티커DIA로 인해 '다이아'라는 애칭으로 불린다. DIA는 매월 분배금을 지급한다는 특징이 있다. 국내에 상장된 ETF는 TIGER 다우존스30이 유일한데, 해당 ETF 역시 매월 분배금을 지급하는 월 분배 ETF이다.

국내 상장된 다우지수 ETF		
		2023. 7. 31. 기준
ETF명	시가총액(억 원)	총 보수(연, %)
TIGER 다우존스30	818	0.35

출처: 데이터가이드

러셀 지수 - 중·소형주

러셀 지수는 주로 중·소형주의 주가 움직임을 파악할 때 많이 사용되는 지수로 종목 수에 따라 러셀3000, 러셀2000, 러셀1000으로 나뉜다. 그중 시가총액 상위 1,001위부터 3,000위까지 투자하는 러셀2000이 가장 대표적이다. 즉 러셀2000은 미국 중·소형주를 대표하는 지수이다. 러셀3000은 시가총액 1위부터 3,000위까지 모두 담고 있어 시장 전반에 투자가 가능하며, 러셀1000은 1위부터 1,000위까지를 담고있다.

해외 상장된 러셀 2000 ETF

2023. 7. 31. 기준

티커	종목명	시가총액(억 달러)	총 보수(연, %)
IWM	iShares Russell 2000 ETF	561.3	0.19
VTWO	Vanguard Russell 2000 Index Fund ETF	64.6	0.10

출처: 데이터가이드

빅테크는 시대의 흐름이다

빅테크는 크다는 big과 정보기업인 tech가 결합된 단어로 구글Google, 아마존Amazon과 같은 대형 정보 기술 기업을 의미한다. 빅테크를 더 적절하게 설명하는 말은 '우리의 삶과 세상에 돌이킬 수 없는 변화를 만들어 내는 기업'이라고 할 수 있다. 빅테크 기업들은 항상 새로운 기술들을 개발하여 세상을 변화시켰고, 우리는 그 기술에 적응하며 편리한 삶을 영위하고 있기 때문이다.

일례로 1990년 초에는 야후Yahoo 등의 포털 기업이 IT 혁명을 이끌었다. 이후 인터넷 검색이 보편화되어 책, 지도 등을 직접 찾아보지 않아도 정보에 쉽게 접근할 수 있게 되었다. 2000년대에는 더욱 기술이 빠르게 발전했는데, 2007년 애플의 첫 스마트폰이 가져온 열풍을 잊을 수 없다. 그 당시 손 안에서 인터넷이 가능하다는 사실에 모두가 놀라움을 금치 못했다. 그러나 현재 우리는 인터넷 없는 세상을 상상할 수 없으며, 첫 스마트폰을 기억하지 못할 만큼 기술에 익숙해졌다. 이처럼 빅테크 기업들은 매우 짧은 시간 동안 돌이킬 수 없는 변화를 만들어 냈다.

다시 말하면 빅테크에 투자하는 것은 시대의 흐름과 구조적 성장에 투자하는 것이라고 볼 수 있다. 코로나19 팬데믹 이후 우리는 더 빠르게 디지털 전환의 패러다임을 온 몸으로 겪고 있으며, 거대 IT 플랫폼의 발달로 디지털을 통한 변화의 주기는 더욱 짧아질 것으로 예상된다.

미국 빅테크 기업이 세계 발전을 주도한다

빅테크 하면 어떤 기업들이 떠오르는가? 애플, 마이크로소프트, 아마존 등 머릿속에 떠오른 대부분의 빅테크 기업은 미국 회사일 것이다. 이처럼 디지털 경제 가속화를 이끈 것은 미국의 빅테크 기업이라고 해도 과언이 아니다. 세계는 미국을 필두로 성장했고, 미국은 빅테크 기업을 필두로 혁신하며 발전했다.

따라서 미국의 빅테크 기업들에 투자해야 하는 이유는 명확하다. 현재까지 다양한 분야를 선도했으며, 향후에도 선도할 것이라고 전망되기 때문이다. 현재까지 기술을 선도해 온 대표적인 기업은 MAFAA로 통칭되는데, MAFAA는 마이크로소프트Microsoft, 애플Apple, 메타Meta(페이스북), 알파벳Alphabet 그리고 아마존Amazon을 의미한다. 해당 기업들은 모두 미국 기업으로 MAFAA의 S&P500 지수 내 비중은 22%, 나스닥 지수 내 비중은 49%에 달한다(2023. 3. 23. 기준). 이는 빅테크가 그만큼 기업가치가 높으며, 미국에서 나아가 세계 경제를 이

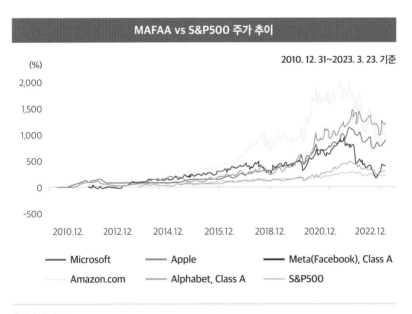

MAFAA vs S&P500 주가 추이

2010. 12. 31~2023. 3. 23. 기준

출처: 블룸버그

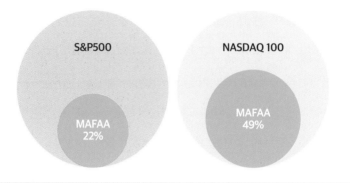

출처: 블룸버그

끄는 대표 주자임을 의미한다.

그렇다면 나스닥을 대표하는 기업이자 MAFAA로 통칭되는 각 기업에 대해 간단하게 살펴보도록 하자.

마이크로소프트(Microsoft)

마이크로소프트는 1974년에 설립된 세계에서 가장 큰 미국 소프트웨어 회사이다. 전 세계 윈도우 운영 체제 사용자들을 위해 제품을 개발, 판매하고 있다. 주력 제품은 윈도우 운영 체제, 인터넷 익스플로러, 마이크로소프트 오피스 프로그램 등이 있으며, 그 밖에도 클라우드 플랫폼인 애저Azure, 검색엔진 빙Bing, 게임 콘솔 엑스박스Xbox 등 다양한 분야에서 제품과 서비스를 제공하고 있다.

나아가 마이크로소프트는 인공지능AI, 가상현실VR 등의 분야에도 오랜 기간 투자하며 미래 성장 동력을 키우고 있다. 2023년 초 생성형 AI 신드롬을 일으킨 챗GPT도 마이크로소프트가 오랜 기간 투자한 오픈 AI의 결과물이다. 이처럼 마이크로소프트는 새로운 기술 및 서비스를 개발하여 전 세계 사용자들에게 편리한 서비스를 제공하는 기업이다.

애플(Apple)

애플은 1976년에 설립된 전 세계 시가총액 1위의 기업으로 대표적인 컴퓨터 및 모바일 기기 제조사이다. 세계에서 가장 가치 있는 기업으로 손꼽히는데, 실제 2020년 12월에 세계에서 두 번째로 시가총액 2조 달러를 달성했으며, 2022년에는 세계 최초로 시가총액 3조 달러를 달성하는 쾌거를 이루었다.

애플의 제품들은 세상의 변화를 보여 준다고 할 수 있다. 다음 페이지의 그래프와 같이 애플은 2001년 아이팟iPod 출시를 시작으로, 2006년 맥북, 2007년 아이폰, 2010년 아이패드 등을 신규로 출시하며 새로운 산업의 문을 열었다. 특히 아이폰은 2007년 출시 이후 현재까지도 충성도 높은 고객들을 바탕으로 전 세계 스마트폰 시장 영업이익의 약 85%를 차지하고 있다(2023년 2분기 기준).

또한 iOS, macOS, watchOS 등의 자사 운영 체제와 애플 뮤직 등의 서비스를 제공한다. 이러한 서비스는 하드웨어 제품과 연계되어 하나

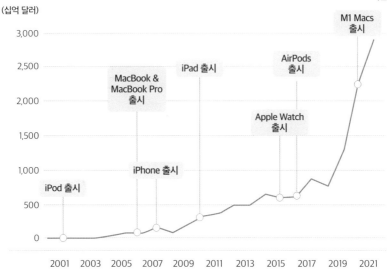

출처: Statista

의 플랫폼화되며 애플만의 독보적인 경쟁력을 더욱 강화하고 있다.

메타(Meta)

메타는 37억 명 이상의 사용자를 보유한 전 세계에서 가장 인기 있고 대표적인 소셜 네트워크 중 하나이다. 메타가 운영하는 서비스는 세계에서 가장 많은 사용자를 보유한 페이스북, 인스타그램, 왓츠앱, 쓰레드 등 다양하다. 현재는 이러한 플랫폼들을 활용하여 사용자들의 데이터에 기반한 맞춤형 광고를 제공하며 이익을 극대화하고 있다.

나아가 메타는 가상현실vr, 증강현실ar, 인공지능ai 등 다양한 분야에 대한 투자를 강화하며 미래를 준비하고 있다. 페이스북에서 메타로의 브랜드명 변경에서도 이러한 방향성을 확인할 수 있다. 메타는 메타버스Metaverse라는 개념에 바탕을 두고 지은 이름인데, 이는 메타버스 즉 가상현실을 활용하여 다양한 서비스를 전개하는 것을 의미한다.

실제 메타는 가상현실을 바탕에 둔 게임·교육 등을 제공하고 있으며, 인공지능 기술을 활용하여 사용자 분석을 고도화하고 있다. 메타는 수많은 사용자에 기반한 다양한 데이터를 가지고 있는 만큼 향후에도 지속적인 성장이 기대된다.

알파벳(Alphabet)

알파벳은 구글의 모회사로 검색엔진 등 다양한 인터넷 서비스와 기술을 개발하는 미국 기업이다. 전 세계에서 독보적인 모바일 트래픽 1위인 '유튜브'를 토대로 콘텐츠 산업을 지배하고 있으며, 구글 클라우드를 통해 클라우드 산업에서 두각을 나타내고 있다. 또한 안드로이드 운영 체제 등을 제공하고, 구글 애드센스를 통해 광고 수익을 얻는다.

현재 구글의 세계 전반에 미치는 영향력은 막대한데, 일례로 챗GPT 열풍이 불며 파트너사인 마이크로소프트의 검색 엔진 빙에 대한 관심도 덩달아 커졌음에도 불구하고 구글의 일일 앱 다운로드 횟수는 안정적으로 유지되었다.

아마존(Amazon)

아마존은 1994년에 설립된 미국의 글로벌 1위 이커머스&클라우드 기업이다. 아마존의 2023년 7월 기준 미국 이커머스 시장 점유율은 41%로 압도적인 1위이다. 더불어 아마존의 구독 서비스인 아마존 프라임을 기반으로 한 소비자들의 높은 충성도는 아마존의 시장 지배력을 지속시킨다. 아마존 프라임은 국내 쿠팡 와우와 같이 할인, 음악, 콘텐츠, 빠른 배송 등을 제공하는 구독 서비스이다. 아마존의 클라우드 AWS 역시 업계 1위를 공고히 하고 있으며, 향후 이커머스 시장의 침투율 상승이 전망됨에 따라 아마존의 영향력은 더욱 확대될 것으로 보인다.

빅테크 ETF의 종류와 특징

기술 중심의 빅테크 기업에 투자하는 대표적인 방법은 나스닥100 지수에 투자하는 것이다. 앞서 대표 지수 설명에서 살펴본 것과 같이 나스닥100은 기술주 중심으로 구성되어 있어, 나스닥100에 투자하는 것만으로도 기술주 전반에 투자하는 효과를 누릴 수 있다. 실제 대표적인 빅테크 기업 MAFAA는 미국 나스닥100 지수 내 상위 종목이자 지수의 약 49%를 차지한다. 미국에 상장된 대표적인 나스닥100 ETF 는 앞서 살펴본 QQQ 등이 있다.

국내 상장된 ETF 중에서는 빅테크 기업에 중점적으로 투자하는 ETF가 있는데, TIGER 미국테크TOP10이 그 대표적인 상품이라 할 수 있다. 이름에서 파악할 수 있듯이 TIGER 미국테크TOP10은 혁신 성 장의 열쇠key를 쥐고 있는 미국 테크 기업 중 시가총액 TOP 10에 투자 하는 ETF이다. 구성 종목은 TIGER 미국나스닥100의 상위 구성 종목

TIGER 미국나스닥100 구성 종목 TOP 10

2023. 7. 31. 기준

구분	종목명	비중(%)
1	Apple Inc	11.53
2	Microsoft Corp	9.42
3	Alphabet Inc	5.08
4	Amazon.com Inc	4.32
5	NVIDIA Corp	3.78
6	Meta Platforms Inc	3.16
7	Tesla Inc	3.01
8	Broadcom Inc	2.95
9	Cisco Systems Inc	2.93
10	Adobe Inc	2.11

출처: 데이터가이드

TIGER 미국테크TOP10 구성 종목

2023. 7. 31. 기준

구분	종목명	비중(%)
1	Microsoft Corp	18.39
2	Apple Inc	17.81
3	Alphabet Inc	16.96
4	Amazon.com Inc	11.88
5	NVIDIA Corp	11.06
6	Meta Platforms Inc	8.42
7	Tesla Inc	7.19
8	Broadcom Inc	3.66
9	Adobe Inc	2.44
10	Cisco Systems Inc	2.14

출처: 데이터가이드

과 동일하지만, 테크 기업에만 집중 투자하기 때문에 각 종목별 비중이 상이하다.

예를 들어 애플의 비중은 TIGER 미국테크TOP10 내에서는 17.81% 수준이고, TIGER 미국나스닥100에서는 11.53% 수준이다. 전체적으로 보면 TIGER 미국테크TOP10 ETF에 편입된 10종목이 나스닥100 지수에서 차지하는 비중은 절반에 달한다.

결론적으로 다양한 기술주 전체에 투자하고 싶다면 TIGER 미국나스닥100 ETF를, 빅테크 기업에 압축적으로 투자하기를 원한다면 TIGER 미국테크TOP10 ETF를 선택하면 된다.

04 알아 두면 쓸모 있는 ETF
- 미국 반도체 ETF

반도체는 쇠락하지 않는다

반도체는 모든 산업에서 필수적으로 사용된다. 핸드폰부터 자율주행 그리고 2023년 열풍의 주역인 챗GPT까지 우리가 사용하는 모든 것이 반도체와 연결되어 있다. 향후에도 반도체 수요는 기술의 발전에 발맞춰 꾸준히 증가할 것으로 전망된다. 1990년대 PC의 등장부터 시작해서 카메라 등의 모바일 기기, 스마트폰, 4차산업혁명까지 첨단 기술은 빠르게 발전하고 있으며, 이로 인해 필요한 반도체 수 역시 기하급수적으로 증가하고 있기 때문이다.

일례로 2022년 말과 2023년 초에 전 세계를 강타한 신기술 챗GPT
는 결과적으로 D램과 AI 반도체의 수요를 폭발적으로 증가시켰다.
AI같이 고도화된 기술의 정확도 및 완성도는 데이터의 양에 비례하는
경우가 많으며, 많은 데이터 확보를 위해서는 반도체가 더 많이 필요
하기 때문이다. 이처럼 기술의 발전이 반도체의 수요를 불러오는 선
순환의 구조는 지속될 것이다.

반도체 산업의 선순환 구조를 이해한다면 2022년의 세계 반도체 시
장 규모의 감소는 장기적 쇠락이 아닌 단기적 역성장을 의미한다는 것
을 알 수 있다. 나아가 반도체 시장의 회복과 성장을 기대하게 한다.

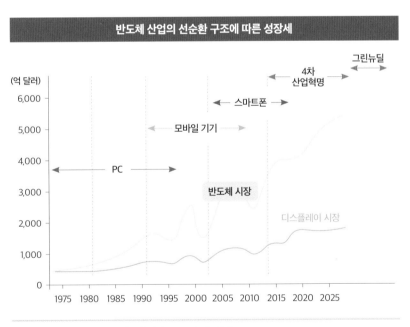

출처: 한국산업기술진흥협회, 『기술과 혁신』 2022년 9/10월호.

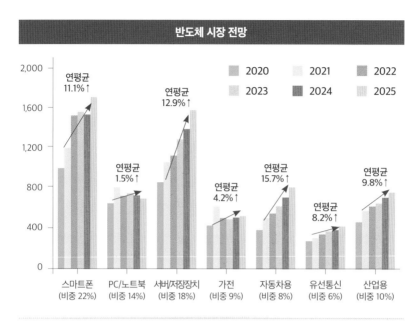

반도체 시장 전망

연평균 11.1% ↑
연평균 12.9% ↑
연평균 1.5% ↑
연평균 4.2% ↑
연평균 15.7% ↑
연평균 8.2% ↑
연평균 9.8% ↑

2020 2021 2022
2023 2024 2025

스마트폰
(비중 22%)

PC/노트북
(비중 14%)

서버/저장장치
(비중 18%)

가전
(비중 9%)

자동차용
(비중 8%)

유선통신
(비중 6%)

산업용
(비중 10%)

출처: 한국산업기술진흥협회, 『기술과 혁신』 2022년 9/10월호.

미국 반도체에도 투자해야 하는 이유

앞서 한국 시장에서 언급한 것처럼 반도체는 한국이 강점을 보이는 산업이자 우리에게 익숙한 산업이다. 그렇다면 자연스럽게 이런 궁금증이 생길 것이다. "왜 우리가 잘 아는 한국 반도체 산업만이 아닌 미국 반도체 산업에도 투자해야 할까?" 이 질문의 답을 구하기 위해서는 먼저 반도체 산업에 대한 이해가 필요하다.

반도체 산업은 크게 메모리 반도체와 비메모리 반도체로 양분된다. 쉽게 설명하면 메모리 반도체는 정보를 저장하는 반도체이며, 비메모리 반도체는 정보를 처리하는 반도체로 다품종 소량 생산된다.

현재 반도체 시장은 그중 비메모리 반도체, 즉 시스템 반도체로 중심축이 편성되고 있으며, 실제 시스템 반도체의 시장 규모는 메모리 반도체의 2배 이상이다. 비메모리 반도체의 주요 분야에는 모바일AP, CPU, 그래픽처리장치GPU 등이 있는데, 옆 페이지의 그림과 같이 CPU와 스마트폰의 AP 설계 기술에서 미국이 압도적으로 우위를 점하고 있다. 즉 미국 반도체에 투자함으로써 유망한 비메모리 반도체 산업에 투자할 수 있는 것이다.

반대로 한국은 메모리 반도체 강국이기 때문에 국내 반도체 ETF와

순위	메모리 반도체	비메모리 반도체
용도	정보 저장	정보 처리, 연산, 추론
시장 구조	경기 변동에 민감	경기변동에 상대적으로 둔감
종류	RAM(DRAM/SRAM), ROM(NOR/NAND) 등	모바일 AP, CPU, GPU, 이미지센서, DDI, CIS 등
대표 기업	인텔(미국)	파운드리 - TSMC(대만)
	삼성전자(한국)	파운드리, 이미지센서 - 삼성전자(한국)
	퀄컴(미국)	모바일 AP - 퀄컴(미국)
	SK 하이닉스(한국)	CPU - 인텔(미국)
	브로드컴(미국)	GPU - 엔비디아(미국)

반도체 종류

출처: 미래에셋자산운용

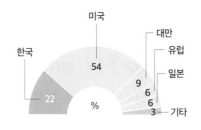

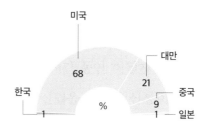

출처: 한국산업기술진흥협회, 『기술과 혁신』 2022년 9/10월호.

미국 반도체 ETF 투자를 병행한다면 반도체 밸류체인 전반에 투자하는 효과를 누릴 수 있다.

미국 반도체 ETF의 종류와 특징

미국 반도체 산업에 투자하는 대표적인 지수로는 필라델피아반도체지수와 ICE반도체지수가 있다. 그중 전 세계에서 가장 규모가 큰 iShares PHLX Semiconductor ETF(이하 SOXX)는 ICE반도체지수를 추종한다. SOXX를 아직 필라델피아반도체지수를 추종하는 ETF로 혼동하는 경우가 많은데 2021년 6월 ICE반도체지수로 변경되었다. SOXX는 최대 규모의 반도체 ETF 그 자체로도 많은 관심을 받고 있으며, 특히 SOXX의 3배 레버리지 ETF인 SOXL은 2023년 1분기 역외

	대표적인 반도체 ETF		

2023. 7. 31. 기준

구분	종목명	시가 총액(억 원)	총 보수(연, %)
국내	TIGER 미국필라델피아반도체나스닥	16,271	0.49
	KODEX 미국반도체MV	899	0.09

구분	종목명	시가 총액(억 달러)	총 보수(연, %)
역외*	iShares PHLX Semiconductor(SOXX)	89.8	0.35
	Direxion Daily Semiconductor Bull 3X Shares(SOXL)	75.2	0.94
	Invesco PHLX Semiconductor ETF(SOXQ)	1.4	0.19
	Direxion Daily Semicondct Bear 3X(SOXS)	9.3	1.02

* **역외 ETF**: 국내 거래소가 아닌 해외(미국/일본 등)에 상장되어 있는 ETF

출처: ETF CHECK

ETF 중 개인 매수 1위를 차지하기도 했다.

　필라델피아반도체지수를 추종하는 대표적인 역외 ETF로는 Invesco PHLX Semiconductor ETFsoxq와 국내 ETF인 TIGER 미국 필라델피아반도체나스닥이 있다. TIGER 미국필라델피아반도체나스 닥은 대표적인 글로벌 반도체지수인 필라델피아반도체지수를 추종 하는 국내 유일의 ETF이다. 반도체 설계부터 제조, 판매와 관련된 우 량기업 30개로 구성되어 글로벌 반도체 밸류체인 전반에 투자할 수 있다. 또한 국내에는 필라델피아반도체지수에 레버리지로 투자하는 TIGER 미국필라델피아반도체레버리지(합성)도 상장되어 있다.

05 알아 두면 쓸모 있는 ETF
- 미국 리츠 ETF

미국 리츠 시장 규모는 전 세계 1위이다

리츠는 앞서 한국 시장에서 살펴본 것과 같이 소액으로 건물주가 될수 있는 방법이다. 배당금을 바탕으로 지속적인 현금흐름을 창출하여 임대수익을 대신할 수 있기 때문이다. 리츠 중 주식거래소에 상장된 상장 리츠는 상대적으로 편리하고 안정적인 방법으로, 일반 주식처럼 거래가 가능하며 유동성이 크고 소액으로도 우량 부동산 투자가 가능해 많은 관심을 받아 왔다. 그 결과 글로벌 상장 리츠 시장은 급격하게 성장하였고, 2022년 9월 말 기준 규모는 약 2,602조 원이다.

주요 국가별 상장 리츠 현황					
2022년 9월 말 기준					
구분	미국	캐나다	호주	일본	싱가포르
도입 연도(년)	1960	1993	1971	2000	2002
상장 리츠 수(개)	213	36	49	61	40
시가총액(조 원)	약 1,758	약 66	약 117	약 162	약 100
배당수익률(%)	4.4	5.2	5.2	6.7	7.2
MarketCap/GDP(%)	6.4	2.8	6.4	2.8	21.2
GDP(조 원)	약 27,262	약 2,360	약 1,829	약 5,853	약 471

출처: 한국리츠협회

그중 미국은 전 세계 압도적 1위로 상장 리츠 수는 213개, 시가총액은 약 1,758조 원에 달하는데 이는 글로벌 상장 리츠 전체의 65%이다. 따라서 투자처로서 미국과 글로벌 리츠에 관심을 둘 필요가 있다.

미국 리츠 ETF의 종류와 특징

상장 리츠에 투자하는 방법은 2가지로, 개별 리츠에 투자하거나 ETF를 통해 리츠 산업 전반에 투자하는 것이다. 그중 ETF를 활용하면 더 쉽고 간편하게 리츠에 투자할 수 있다.

미국에 상장된 대표적인 리츠는 옆 페이지의 표와 같다. 그중 Van

guard Real Estate ETF(이하 VNQ)는 미국 리츠 시장에 관심 있는 사람이라면 한 번쯤은 들어 보았을 ETF로, 미국 부동산을 소유하거나 운영하는 기업의 시가총액 지수를 추종한다. VNQ는 리츠 ETF 중 시가총액이 1위로 운용자산의 규모가 크고 보수도 0.12%로 상대적으로 저렴하다. 분배금을 총 4번에 나누어 지급하며 배당수익률은 2023년 7월 말 기준 약 3.5%이다.

우리나라에서는 미국의 대표적인 리츠 ETF인 VNQ와 리얼티 인컴 주식을 비교하는 경우가 많다. 리얼티 인컴의 경우 29년째 배당을 늘리고 있으며, 2023년 7월 말 기준 5.04%의 높은 배당수익률을 기록하고 있다. 그러나 80% 이상 리테일 업종에 투자하여 다양한 부동산 업종에 투자하는 VNQ에 비해 변동성이 높은 편이다.

다음은 VNQ의 경쟁자이자 미국 리츠 ETF 중 시가총액 2위인 Charles schwab US Reit ETF(이하 SCHH)이다. 모기지 및 하이브리드

미국 상장된 주요 리츠 ETF

2023. 7. 31. 기준

티커	종목명	시가총액(억 달러)	총 보수(연, %)
VNQ	Vanguard Real Estate ETF	333.0	0.12
SCHH	Schwab US REIT ETF	60.0	0.07
IYR	iShares U.S Real Estate ETF	30.2	0.40
ICF	iShares Cohen & Steers REIT ETF	22.5	0.32

출처: ETF CHECK

리츠를 제외한 미국의 부동산 기업들로 구성된 상품으로 Dow Jones Equity All Reit Cappted Index를 추종한다. VNQ에 대비하여 보수가 0.07%로 낮으며, 배당수익률은 2023년 7월 말 기준 연 1.52%를 기록했다.

미국 리츠 시장에 투자하는 대표적인 국내 ETF는 아래 표와 같다.

국내 상장된 주요 미국 리츠 ETF

2023. 7. 31. 기준

종목명	시가총액(억 원)	총 보수(연, %)
TIGER 미국MSCI리츠(합성H)	1,441	0.24
KODEX 다우존스미국리츠(H)	158	0.09
ACE 미국다우존스리츠(합성H)	140	0.30

출처: ETF CHECK

06 알아 두면 쓸모 있는 ETF
- 전기차/자율주행 ETF

미래의 게임 체인저, 자율주행

친환경에 대한 관심이 높아지며, 내연기관차에서 매연과 소음이 없는 전기차 시대로의 전환이 빠르게 이루어지고 있다. 이런 시대적 변화는 전기차 침투율과 판매량 증가에서 확인할 수 있는데, 2015년 220만 대에 불과했던 전기차 판매량은 2030년 약 3,110만 대까지 증가할 것으로 전망된다. 현재도 각국 정부는 정책적 지원을 아끼지 않으며 발전을 지지하고 있고, 전 세계 완성차 업체들은 이러한 호재에 발맞추어 신차 개발, 생산 등의 투자를 강화하고 있다.

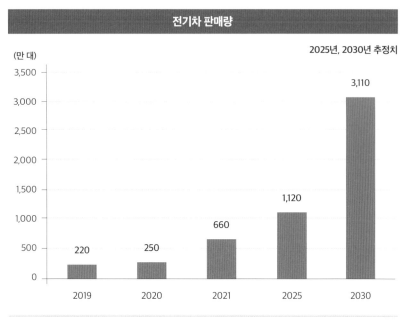

전기차 판매량

(만 대)　　　　　　　　　　　　　　　　　　　　　　2025년, 2030년 추정치

- 2019: 220
- 2020: 250
- 2021: 660
- 2025: 1,120
- 2030: 3,110

출처: 국제에너지기구(IEA)

이러한 흐름으로 보아 머지않아 지구상에는 내연기관차가 사라지고, 전기차 산업이 시대의 중심으로 자리매김할 것으로 기대된다.

　이런 시대의 흐름인 전기차와 함께 동반 성장하는 대표적인 산업이 바로 자율주행 분야이다. 자율주행은 전기차와 배터리를 기반으로 한 미래의 게임 체인저이다. 일본 야노경제연구소에 따르면 글로벌 자율주행 시장은 연평균 41.0% 성장률을 보이며, 2025년에는 1,549억 달러(약 197조 328억 원)를 상회할 것으로 예상된다.

　전기차와 마찬가지로 미국, 유럽 등 세계 주요국들은 관련 법과 제도를 통해 자율주행 기술의 발전을 적극 지원하고 있으며, 자율주행은 이익 및 적용 가능한 분야가 많은 만큼 모빌리티 산업 내 황금열쇠로 자리매김하고 있다. 또한 자율주행은 고도화된 기술이자 자본 장벽이 높기 때문에 향후 빅테크 업체와의 전략적 제휴가 더욱 중요해질 전망이다.

미국에는 완성차 업체와 빅테크 기업이 모두 있다

미국은 전기차 및 자율주행 산업에서 핵심인 완성차 업체와 빅테크 기업을 모두 가지고 있는 매력적인 투자처이다. 먼저 테슬라와 같은 기술 선도 기업을 보유하고 있는데, 테슬라는 세계 최대 전기차 제조 업체로 자동차 회사 최초로 시가총액 1조 달러를 돌파하며 모빌리티 산업 내에서 전기차의 존재감을 확대하는 데 앞장서고 있다. 현재도 신기술을 끊임없이 개발하며 전기차 산업 성장에서 핵심적인 역할을 하고 있다.

테슬라는 실제 전기차와 자율주행 산업에서 독보적인 행보를 보이고 있다. 먼저 전기차 분야에서는 전기차의 기본인 주행거리를 늘리고, 전 세계 35,000개 이상의 테슬라 슈퍼차저Tesla Supercharger를 운영하며 전기차 충전소 인프라 확장에 기여하고 있다. 그 결과 주요 모빌리티 기업 판매 성장률과 연평균 30% 이상의 큰 격차를 보이고 있으

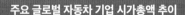

주요 글로벌 자동차 기업 시가총액 추이

(십억 달러)   2022. 9. 30. 기준

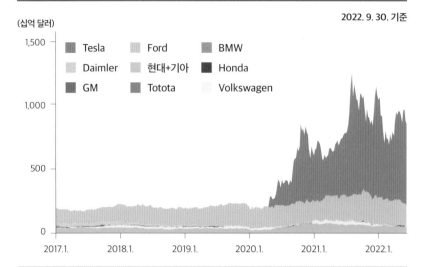

Tesla　　Ford　　BMW
Daimler　　현대+기아　　Honda
GM　　Totota　　Volkswagen

출처: 블룸버그

테슬라 판매량 추이 및 전망

(만 대)   2022. 2Q. 기준

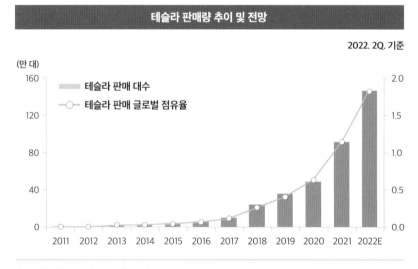

테슬라 판매 대수
테슬라 판매 글로벌 점유율

출처: 마크라인스, 테슬라, 메리츠증권

며, 나아가 상하이 등에 글로벌 생산 기지를 완비하여 2023년 이후 본격적으로 2,000만 대 이상의 판매를 가시화했다.

테슬라는 자율주행 기술에서도 독보적인 기술력을 가지고 있다. 테슬라의 자율주행 시스템은 카메라와 AI를 바탕에 둔 완전 비전 중심 방식으로, 기술 고도화를 위해 다양한 데이터가 필수적이다. 테슬라는 수많은 운전자를 바탕에 둔 다양한 데이터를 가지고 있어 테슬라의 AI 데이터 확보량은 경쟁사들과 압도적인 격차를 보인다. 이러한 데이터의 격차는 자율주행 차량 판매량으로 확인할 수 있는데, 테슬라의 자율주행 차량 판매량은 2017년 이후 급격한 성장세를 보이고 있다.

테슬라의 자율주행 기술은 2021년부터 도심 주행이 가능한 FSDFull Self Driving 베타 개발이 시작되며 더욱 가속화되었다. 2023년 말 미국에서 FSD 베타 상용화를 예정하였는데, 이는 레벨 2이지만 도심에서 운행이 가능해짐에 따라 본격적인 수익화 가능성을 보여 준다는 점에서 의미가 크다.

더불어 미국은 자율주행 기술력을 가진 다수의 빅테크 업체를 보유하고 있다. 앞서 말한 것과 같이 자율주행은 고도화된 기술로 자본 장벽이 높아 빅테크 업체와의 전략적 제휴가 중요하다. 실제 인공지능, 빅데이터, 사물인터넷 등 ICT 산업이 기존 산업과 융복합되면서 모빌리티 혁신이 일어나고 있다. 대표적으로 애플, 구글, 마이크로소프트 등의 빅테크 기업들은 자체적인 기술을 바탕에 둔 자율주행 시스템을 개발하고 있으며, 아마존의 경우 자율주행 기술 스타트업을 인수하는 등 기술 발전에 박차를 가하고 있다.

자율주행의 핵심적인 기술 개발을 위해서도 빅테크 업체들의 중요성이 크다. 자율주행 기술의 핵심은 데이터의 양만이 아니라 이를 처리할 수 있는 기술들을 포함한다. 일례로 예상하지 못한 수많은 문제에 대응하기 위해서는 AI 기술력이 필수적인데, 이러한 기술은 자본력에 기반하는 경우가 많아 신생 업체보다는 엔비디아 등 빅테크 기업들의 기술 발전 가속화가 예상되는 것이다.

이처럼 미국은 전기차 및 자율주행 완성차 선도 업체뿐 아니라 이들을 뒷받침해 줄 기술력을 가진 빅테크 기업을 가지고 있어 더욱 매력적인 투자처로 생각된다.

글로벌 주요 ICT 업체들의 자율주행 사업 진출 현황	
기업	비고
애플	자율주행 시스템 개발 이후 애플카 출시 검토
구글	자회사인 웨이모(Waymo)가 자율주행 시범 서비스를 애리조나 피닉스에서 시행
마이크로소프트	폭스바겐과 파트너십을 통해 자율주행 소프트웨어 개발 중
아마존	전기트럭 제조 업체인 리비안 오토모티브(Rivian Automotive)에 투자, 자율주행 기술 스타트업 죽스(Zoox) 인수

출처: 언론 종합

미국의 전기차/자율주행 ETF

미국의 전기차 및 자율주행 산업에 투자할 수 있는 ETF로는 무엇이 있을까? 가장 대표적인 ETF는 미국에 상장된 Global X Autonomous & Electric Vehicles(이하 DRIV ETF)이다. DRIV ETF는 미국 기업만 투자하는 ETF는 아니지만, ETF 내 미국 기업은 57%로 높은 비중을 차지하며 엔비디아, 애플 등의 빅테크 업체와 테슬라가 포함되어 있다. 상장일은 2018년 4월이며, 순자산 규모는 약 8억 달러에 달하는 만큼 많은 관심과 사랑을 받고 있음을 알 수 있다(기준 2023. 4. 25.).

국내에는 DRIV와 동일 지수를 투자하는 TIGER 글로벌자율주행&전기차SOLACTIVE가 상장되어 있다. 자율주행과 전기차, 반도체 시장에 집중 투자할 수 있는 상품으로 자율주행 기술이 거의 상용화 단계에 접어들고 있는 지금 주목해 볼 만한 ETF이다.

더불어 국내에는 테슬라 한 종목만 집중 투자할 수 있는 TIGER 테슬라채권혼합Fn이 있다. 테슬라와 국공채 비율이 3:7로 구성되어 있어 소액으로도 테슬라에 집중 투자할 수 있다. 더불어 안정적인 국채를 조합하였기에 테슬라의 성장성을 누리면서 채권에도 투자해 종목에만 투자하는 것보다 안정성을 누릴 수 있다. 특히 채권혼합형 상품으로 퇴직연금 계좌 내 최대 100% 투자 가능하여 내 퇴직연금 계좌에 테슬라를 극대화할 수 있는 매력적인 방법이다.

07 미국 상장 ETF와 한국 상장 ETF의 차이점

미국에 ETF로 투자할 수 있는 방법은 크게 2가지이다. 바로 해외에 상장된 ETF와 국내에 상장된 해외 ETF이다.

역외 ETF는 해외거래소에 상장된 ETF를 뜻하는데, 앞서 살펴본 SPY, QQQ도 각각 S&P500과 나스닥100에 투자하는 역외 ETF이다. 국내에 상장된 ETF와 해외에 상장된 역외 ETF는 여러 가지 면에서 차이점이 있다.

첫째, 국내에 상장된 ETF와 미국에 상장된 ETF는 거래 시간 및 거래 통화에서 차이가 있다. 국내에 상장된 ETF는 한국 장 시간 기준으로 거래가 가능한 반면, 미국에 상장된 ETF의 경우 미국 장 시간 기준

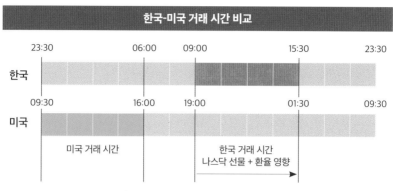

출처: 미래에셋자산운용

으로 거래해야 한다. 미국 거래 시간은 위 표에서 확인할 수 있듯이 한국 시간으로 23:30~06:00까지 장이 개장되며, 서머타임의 정규장 거래 시간은 한국 시간으로 22:30~익일 05:00이다.

국내 상장된 ETF는 원화 투자가 가능하며, 미국에 상장된 ETF는 달러로 투자해야 하기 때문에 환전 수수료를 지불해야 하는 불편함이 있다. 이처럼 시차, 서머타임, 환율 등 국내에 상장된 역내 ETF가 역외 ETF에 비해 거래 편리성 부분에서는 뛰어나다고 할 수 있다.

둘째, 세제 혜택에 차이가 있다. 많은 사람이 투자를 시작할 때 세금에 대해 크게 신경 쓰지 않는데, 세금은 수익을 거둬들일 때 투자 수익률과 직결되는 중요한 부분이다. 따라서 세금은 여러 번 강조해도 지나치지 않을 정도로 중요하며, 투자 대상 및 투자자에 따라 절세할 수 있는 방법도 달라지기 때문에 꼼꼼히 따져봐야 한다.

국내 상장된 해외 ETF의 경우 해외 펀드와 동일하게 배당 및 매매차익에 대해 15.4%의 세금을 부과한다. 반면 해외 상장된 ETF의 경우 해외 주식으로 간주되어 해외 주식과 동일한 과세 체계를 갖는다. 따라서 매매차익에 대해서는 양도소득세 22%, 배당은 15.4%의 세금을 부과한다. 단, 역외 ETF의 매매차익이 250만 원까지는 공제된다는 점은 장점이다.

국내 상장된 ETF는 매매차익이 배당소득세로 적용되므로 기타 이자소득과 합산하여 2,000만 원을 초과하는 경우 금융소득종합과세 대상이 되므로 주의해야 한다. 반면 해외 상장된 ETF는 양도소득세로 분리 과세한다. 분리 과세는 다른 금융소득과 합산하지 않고 해당 매매차익에 대해서만 과세하는 것으로 금융소득종합과세에는 포함되지 않는 장점이 있다.

국내 상장 해외 ETF vs 역외 ETF 과세 비교		
구분	국내 상장 해외 ETF	역외 ETF
매매차익	15.4%	양도소득세 22.0%
분배금	15.4%	15.4%
손익통산	X	O
장점	연금저축계좌 개인형퇴직연금 IRP ISA 계좌 활용 가능	매매차익 250만 원까지 비과세 (손익통산)

출처: 미래에셋자산운용

3장

중국 ETF의
모든 것

01 왜 중국에 투자해야 하는가?

세계 2위 경제대국이다

우리나라는 과거부터 중국에 대해 전반적으로 낮게 평가하는 경향이 있었다. 'Made in China'는 질이 좋지 않은 공산품으로 인식되곤 했다. 그렇다면 지금의 중국은 어떠한가? 우리는 투자를 위해서 중국을 조금 더 객관적으로 살펴볼 필요가 있다.

거대한 인구를 바탕으로 한 중국의 GDP는 약 19.9조 달러 수준으로 전 세계에서 미국에 이어 두 번째로 경제 규모가 크다(2022년 4월 기준). 중국의 GDP는 1978년에 개혁 개방 정책을 시작하면서 지속적인 성장을 이어오고 있다. 이러한 성장은 주로 수출에 기반하며, 중국의 인구 증가와 더불어 소비 시장의 성장으로 인한 내수 수요의 증가도 중요한 역할을 했다고 할 수 있다.

중국은 인구 대국으로 높은 인구 밀도와 함께 빠르게 성장하는 경제와 기술력 등으로 세계 경제에서 미국과 견줄 수 있는 국가가 되었다. 또한 중국의 국제 무대 영향력이 세계 경제와 금융 시장까지 미치고 있는 것은 명백한 사실이다.

중국은 지난 몇 년간 매년 6% 이상의 경제성장률을 유지하면서 세계 경제의 중심지로 부상했다. 특히 제조업 분야에서 강점을 가지고

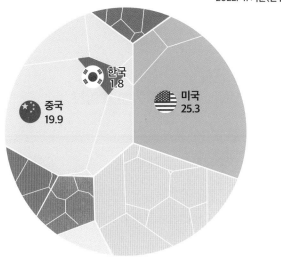

국가별 GDP 규모 및 비중

2022. 4. 기준(단위: 조 달러)

출처 : 비주얼 캐피탈리스트

있다. 세계에서 가장 많은 제조 업체를 보유하고 있을 뿐 아니라 정보 기술, 통신, 바이오, 인공지능 등의 최첨단 분야에서도 세계적으로 선도하는 기업들을 배출하고 있다.

그러나 중국은 아직 다양한 문제가 해결되어야 하는 시장이기도 한다. 여전히 일부 분야에서 불공정한 경쟁이나 지적재산권 침해가 일어나기도 하며, 경제 구조는 과도한 투자와 채무 그리고 지역 간 불균등이라는 숙제를 가지고 있다. 더불어 미국과의 무역 갈등 등 해외 요인으로 인한 위험성도 존재한다.

따라서 중국 경제에 대한 평가는 분명히 양면성을 갖고 있으며, 투자자로서 우리는 중국 경제의 장점과 단점을 고려하여 전략적으로 접근해야 한다. 중국을 투자처로서 보자면 패권국으로 인정하고 중국의 정책 등 여러 가지를 살피고 투자해야 하는 것이다.

투자 기회가 많다

그렇다면 중국에는 왜 투자해야 하는 것일까? 앞서 언급한 것처럼 중국은 풍부한 노동력을 보유한 국가이며, 경제적으로도 급속한 성장을 이루었으며 현재도 진행되고 있다. 따라서 중국은 투자 기회가 많은 국가임에 틀림없다. 중국을 투자 대상으로 봐야 하는 이유는 다음과 같다.

첫째, 중국은 세계에서 가장 큰 시장 중 하나이다. 국내 총생산은 2022년에 약 20조 달러에 이르렀고, 그만큼 시장의 규모와 함께 다양한 산업 분야에서 성장 가능성이 매우 높은 시장이다.

둘째, 중국은 지난 몇 년간 급속한 경제 성장을 이룬 국가이다. 이는 많은 기업에게 성장 가능성이 큰 시장이라는 것을 시사한다. 과거에 중국이 공산품 생산으로 가치를 창출했다면 지금은 혁신적인 기술을 보유하기 위한 기술 양성 정책을 펴고 있다. 예를 들어 5G 기술과 인공지능 분야에서 중국 기업들은 세계적인 선도적 위치를 차지하기 위한 정책을 매년 내세우고 있으며, 반도체 등 중국이 패권을 가져가야 할 혁신 기술 분야에 대한 투자가 지속적으로 이루어지고 있다. 예를 들어 2016년 중국 정부는 '대기오염 행동 계획'을 발표하여 대기오염 해결에 주력할 뿐 아니라 최근에는 인공지능, 로봇 등 첨단 기술 발전에 대한 투자를 강화하고 있다.

셋째, 중국은 풍부한 인력과 자원에 따른 효용성이 높다. 과거 제조업을 통해 성공한 것처럼 많은 인적, 물적 자원을 통해 제조업 외에 미래 중점 산업에 대한 투자를 이어갈 수 있다.

넷째, 중국은 투자국가로서의 기대수익률이 높다. 다만 단순히 과거에 중국이 발전해 왔기 때문에 미래에도 똑같이 발전할 것으로 판단하여 중국 시장 전체에 투자하면 될 것이라는 막연한 생각을 해서는 안 된다. 중국은 더 이상 제조업 중심의 투자 국가가 아니다. 따라서 중국 시장 전체에 투자하는 것보다는 중국이 패권국으로서 가져갈 새로운 시장과 성장 가능성이 높은 산업 분야를 선별해서 투자하는 것이 바람직하다.

이러한 이유들로 인해 중국은 투자 기회가 아직 많은 국가 중 하나임에는 틀림없다. 그러나 투자 시에는 중국의 법률과 규제를 잘 이해하고, 중국의 주요 정책을 이해하고 선별적인 투자를 해야만 한다.

소비 시장이 크다

중국 경제성장률

코로나19 팬데믹 발생 이후인 2021년에도 중국의 경제성장률은 약 8% 수준이었다. 중국 경제의 성장률은 2010년대 초반에는 매년 두 자릿수 성장률을 보였지만, 지난 몇 년간은 경제 구조조정과 미국과의 무역 전쟁 등의 영향으로 성장률이 둔화되는 모습이다.

2022년 중국의 경제성장률은 3.0%(정부 연간 경제성장률 목표 5.5%)로 GDP 121조 207억 위안 수준이었다. 2020년을 제외하고 문화대혁명의 여파로 마이너스 성장률을 기록한 1976년 이후 40여 년 만에 최저치를 기록한 것이다. 코로나19 팬데믹으로 인해 중국 경제도 피해를 입었으며, 현재 중국 정부는 경제 회복을 위한 다양한 정책을 시행하고 있다.

예를 들어 중국은 최근 몇 년간 5G 기술, 인공지능, 블록체인 등 새

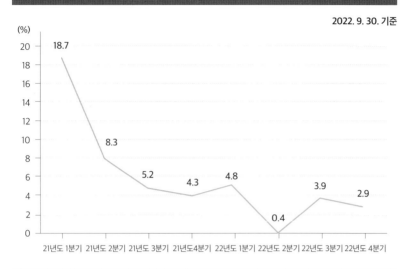

출처: 중국 국가통계국 홈페이지

로운 산업 분야에 대한 투자를 강화하고 있으며, 소비 촉진 정책 등을 통해 내수 경제를 촉진하기 위한 정책을 지속적으로 펼치고 있다. 그러나 제로 코로나 등 경제 전반에 큰 타격을 주는 정책은 중국이 회복하는 속도를 내는 데 큰 장애물이 되었다.

중국 소비 시장

하지만 2022년을 지나 2023년이 되면서 중국의 리오프닝과 함께 중국의 소비 시장을 전 세계가 주목하고 있다. 코로나19 팬데믹으로 3년 동안 축적된 가계 저축액이 900조 원에 다르며, 이는 '보복소비'라는 단어까지 나올 정도로 중국 소비재 등 중국 경기부양이 이루어질 것이라는 기대를 하게 한다.

기본적으로 중국은 인구가 많고 경제적으로 빠르게 성장한 국가인 만큼 큰 소비 시장을 형성하고 있다. 많은 인구에 따른 필수 소비재뿐 아니라 다양한 산업 분야에서 큰 시장을 가지고 있기 때문이다. 특히 최근에는 온라인 쇼핑 및 모바일 결제 등의 디지털 소비가 계속 증가하는 추세이다. 그 밖에도 중국은 금융 서비스, 여행, 의류 등 다양한 산업 분야에서 큰 소비 시장을 보유하고 있으며, 이는 중국의 경제 성장과 함께 더욱 발전할 것으로 예상된다.

제로 코로나 정책 및 알리바바와 같은 대형 IT 사기업에 대한 통

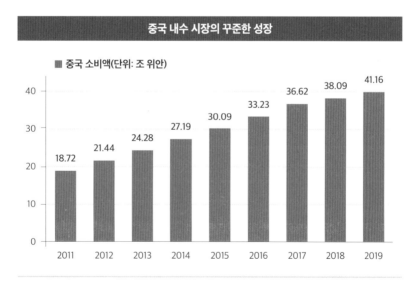

출처: 국가통계국, 아주경제

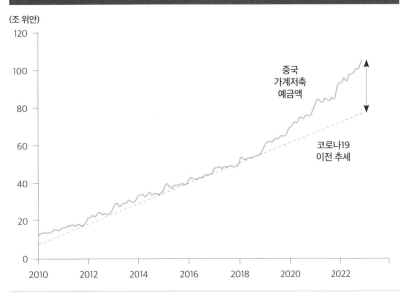

출처: 유안타증권 리서치센터

주춤했던 소비 성장, 부흥을 모색하는 중국 정부

출처: 삼성증권 리서치센터

제 정책 등 그동안 경제를 어렵게 했던 정책 대신 이제는 내수 부양책을 펼칠 것으로 예상된다. 그런 모습에 중국이 다시금 경제 발전에 초점을 맞추려고 하는 움직임을 기대하고 있다. 다만 미·중 갈등에 따른 불안 요소는 항상 염두에 두어야 할 리스크 요소이다.

중국증권거래소 - 지역별 특징

중국증권거래소는 아래 표처럼 상해, 심천, 홍콩 증권거래소로 구분할 수 있다. 한국 시장과 비교하면 다소 어렵게 구분되어 있다고 생각

중국 시장 및 지수 비교							
거래소	상해거래소		심천거래소			홍콩거래소	
	대형 국유 기업 중심		IT, 제약, 미디어 등 중·소형주				
시장	메인보드	커촹판 (스타마켓)	메인보드	중소판	창업판	메인보드	GEM
	대형주 중심	IT벤처 (적자기업 상장 가능)	대형주	중·소형주	IT벤처	대형주	IT벤처
주식 종류	A주	B주	A주		B주	H주	레드칩주	항셍주
	중국인, 허가받은 외국인	외국인	중국인, 허가 받은 외국인		외국인	자본, 소재지가 중국	자본-중국 본토 소재지- 중국 외부	그 외 홍콩시장
지수	상해 종합 지수		심천 성분 지수	차이넥스 트 지수		항셍 지수	
	CSI100, CSI300, CSI500, FTSE차이나A50, FTSE차이나50						
	MSCI차이나, MSCI차이나A						

될 수 있지만, 거래소별로 살펴보면 쉽게 이해할 수 있다.

중국 본토는 상해증권거래소Shanghai Stock Exchange와 심천증권거래소Shenzhen Stock Exchange로 나눌 수 있다.

상해증권거래소는 중국 상하이에 위치한 중국 세계 최대의 주식거래소 중 하나로 은행 등 대형 국유 기업과 대형주 위주로 구성되어 있다. 실제로 상해 증시 지수Shanghai Stock Exchange Composite Index는 중국 증시를 대표하는 지수이기도 하다. 중국 내에서는 A주식 시장에서 거래되는 종목 중 가장 많은 종목이 상해 증시에 상장되어 있다.

1990년 11월 26일에 설립되었으며, 외국인들의 투자는 제한적으로 이루어진다. 하지만 최근 중국 정부는 외국인 투자자들이 상해 증시에서 거래할 수 있는 종목의 범위를 점차적으로 확대하고 있으며, 이를 통해 중국 증시의 국제화를 촉진시키려 하고 있다.

심천증권거래소는 중국의 심천에 위치한 주식거래소로 1990년 12월에 개장하였다. 상장 기업은 대부분 IT, 제약, 미디어 등 중·소형 기업으로, 전 세계에서 가장 큰 기술 기업의 집합지 중 하나라고 할 수 있다. 미국의 나스닥이라고 생각하면 된다.

규모로는 중국 내에서 두 번째로 큰 주식거래소이며, 상장 기업의 시가총액으로는 세계 8위 수준까지 성장하였다. 현재까지 약 2,300개 이상의 기업이 상장되어 있으며, 중국 자체적으로 중국 내 유망 중소기업의 발전과 혁신을 촉진하기 위해 많은 노력을 기울이고 있다. 이를 위해 심천증권거래소는 유망 중소기업에 대한 자금 지원 및 상장

절차 간소화 등 다양한 지원 프로그램을 운영하고 있다.

홍콩증권거래소는 중국의 홍콩특별행정구에 위치한 세계적인 주식거래소이다. 홍콩증권거래소는 1986년에 설립되어 현재는 상장 기업 수, 시가총액, 거래액 등에서 세계에서 가장 큰 주식거래소 중 하나이다. 사실 홍콩이 다시 중국으로 편입되기 전에 외국인 투자자가 가장 많이 거래를 했던 주식거래소로 규모나 거래량 면에서 상당히 크다고 할 수 있다.

실제로 홍콩증권거래소는 세계적인 기업들의 상장을 유치하여 외국인 투자자들의 관심을 받고 있다. 특히 중국 대륙 기업들이 홍콩증권거래소를 통해 상장하여 중국 내부 시장과의 연결고리로서 많은 역할을 하고 있다. 최근 중국과 미국 간의 무역전쟁 등으로 인해 홍콩증권거래소의 지위에 대한 우려가 제기되고 있으나, 여전히 중국 투자에서는 세계적으로 중요한 주식거래소이다.

상해증권거래소

상해증권거래소 시장은 메인보드와 커촹판 2개로 구분된다. 우리나라 시장과 비교해서 생각하면 코스피와 코스닥으로 나뉘는 것으로 생각하면 된다. 메인보드에는 대형주가 상장되어 있고, 커촹판에는 IT, 벤처 등 과학기술주 중심의 소형주 위주로 상장되어 있다는 점도 비슷하다.

상해증권거래소는 기본적으로 A주식과 B주식으로 구분된다. A주식은 중국 내 거주자와 허가받은 외국인이 거래할 수 있는데 실제로는 중국인 투자자가 대부분 이용하고 있다. B주식은 최초에 외국인만 투자할 수 있는 시장으로 만들었으나, 2001년부터는 내국인도 가능하게 허용해 주었다. 대표적인 지수로는 상해 종합 지수가 있다.

심천증권거래소(선전증권거래소)

심천증권거래소 시장은 기본적으로 상해증권거래소 시장과 비슷하다. 다만 상해증권거래소가 대형 국유기업 중심으로 상장되어 있는 반면 심천증권거래소는 IT, 제약, 미디어 등 기본적으로 중·소형주 위주로 상장되어 있다.

상해증권거래소처럼 메인보드 외에 시장이 있는데, 심천증권거래소에는 중소판과 창업판 2개가 있다. 메인보드에는 대형주가 상장되어 있고, 중소판에는 중·소형주, 그리고 창업판에는 커촹판처럼 IT, 벤처 등의 기업이 상장되어 있다. A주식과 B주식으로 구분되는 것도 상해증권거래소와 같다. A주식은 중국 내 거주자와 허가받은 외국인, B주식은 외국인과 내국인 모두 투자할 수 있다.

홍콩증권거래소

홍콩증권거래소에도 메인보드와 GEM이라는 2개의 시장이 있다. 메인보드는 다른 주식거래소와 마찬가지로 대형주가 상장되어 있고, GEM에는 IT, 벤처 등 성장성이 높은 중소기업이 상장되어 있다.

홍콩 시장은 메인보드가 본토 시장처럼 나눠져 있지 않다. 자본과 등록지가 모두 중국 본토에 있는 기업은 H주, 자본은 본토인데 등록지가 홍콩이면 레드칩(R주)이라고 분류된다. H주와 R주를 제외하면

중국 시장 한눈에 보기

장내시장 (거래소 시장, 상장 주식 거래)			
상해 거래소	메인 보드	상해 A주	·내국인 전용 ·외국인 투자자 허용 - 개인 투자자(홍콩증권거래소 통해서) - 기관 투자자(QFII/RQRII 취득)
		상해 B주	·외국인 전용 ·내국인 투자자 허용(2001년부터)
	커촹판		과학기술주 전용 ·외국인 기관 투자자 허용(QFII/RQFII)
선전 거래소	메인 보드	선전 A주	·내국인 전용 ·외국인 투자자 허용 - 개인 투자자(홍콩증권거래소 통해서) - 기관 투자자(QFII/RQFII 취득)
		상해 B주	·외국인 전용 ·내국인 투자자 허용(2001년부터)
	중소판		·중소기업 전용 ·외국인 기관 투자자 허용(QFII/RQFII)
	창업판		·중소·벤처기업 전용 ·외국인 기관 투자자 허용(QFII/RQFII)

장외시장 (비상장 주식 거래)	
신삼판	하이테크 기업 및 벤처·중소기업 전용 공개 장외시장
커촹판	특정 지역 내 기업에게 지분·채권의 양도 및 융자 서비스를 제공하는 비공개 사모 시장

홍콩거래소			
홍콩 거래소	메인 보드	H주	·중국에 설립된 기업의 홍콩 상장 주식 ·자본(모기업)과 등록지 모두 중국
		레드 칩 (R주)	·중국 국유기업 해외법인의 홍콩 상장 주식 ·자본(모기업은 중국, 등록지는 홍콩
		상해 B주	H주와 R주를 제외한 홍콩 및 외국 기업 주식
	GEM		홍콩 메인보드 시장 상장에는 적합하지 않으나 성장성이 높은 중소기업이 상장할 수 있는 시장

글로벌 ETF

모두 항생주이다. 즉 자본이나 등록지가 모두 홍콩이면 항생주인 것이다. 중국증권거래소와 주식의 구분은 '중국 시장 한눈에 보기' 그림을 이용해서 이해하는 것이 더 도움될 것이다.

ETF는 각 지수를 추종하는 금융 상품이다. 아래 표의 대표 지수를 보면 위에 설명한 각 주식거래소의 주식 등을 이용해 지수가 구성된 것을 확인할 수 있다. 예를 들어 Hang Seung Mainland 25는 홍콩(보통 H, 항생이 들어가면 홍콩증권거래소 상장 주식이다.) 홍콩과 본토 주식 25개로 구성된 지수를 뜻하는 것이다.

중국 대표 시장 지수 비교

구분	Hang Seng Mainland 25	HSCEI	CSI300
투자 대상	홍콩 상장 중국 본토 기업 주식	홍콩 상장 중국 본토 기업 주식	상해거래소, 심천거래소 상장 A주식
종목 수	25종목	50종목	300종목
지수 산출 기관	항셍 지수(HIS)	항셍 지수(HIS)	중국지수유한공사(CSI)
지수 산출 방식	유동시총 가중 방식	유동시총 가중 방식	유동시총 가중 방식
업종별 비중			

CSI300 - 중국 본토 시장을 대표하는 종목

CSI300 지수는 중국 상해 증시와 심천 증시에서 상장된 상위 300개 종목의 주가를 추적하는 지수를 뜻한다. 이 지수는 중국 주식 시장 전반의 성과를 반영하도록 설계되었으며, 금융·산업·기술 등 다양한 산업군의 종목을 포함한다. 이 지수를 산출하는 기관은 중국지수유한공사이며, 시가총액에 따라 비중을 나누는 시가총액 가중 방식을 사용한다. CSI300 지수는 2005년 4월에 출시되었으며, 중국의 본토 시장 (상해/심천)을 대표하는 시장 지수로 널리 사용된다.

항생테크 - 홍콩 시장 기술주 중심

항생테크HSTECH 지수는 홍콩 시장의 기술주 중심으로 구성된 지수이다. 홍콩 주식 시장에서 가장 대표적인 지수인 항생 지수Hang Seng Index: HSCEI의 일부로서 항생 지수 내의 하위 지수 중 하나이다.

홍콩 항생테크 지수는 기술주 중심으로 구성되어 있으며, 홍콩 시장을 대표하는 항생 지수는 금융, 부동산 개발 등 구경제Old Economy 소속 기업 중심으로 구성되어 있다. 기존 항생 지수에 신경제New Economy 패러다임 변화를 반영하여 홍콩 시장을 대표하는 지수로 항생테크 지수가 떠오르는 상황이다.

항생테크 지수는 '혁신성장기업'의 조건을 갖춘 중국 대표 테크 기업들, 즉 핵심 기술을 기반으로 수익을 창출하고 적극적인 연구 개발로 중국의 혁신 성장을 주도하는 중국 경제 패러다임을 이끄는 중국 대표 공룡 IT 기업들로 구성되어 있다. 주요 구성 종목으로는 알리바바 그룹Alibaba Group Holding, 텐센트 홀딩스Tencent Holdings, 바이두BAIDU 등이 포함된다.

커창판STAR50 - 전략적 신흥 산업

2018년 11월 5일 중국 시진핑 국가 주석은 중국의 기술 자립을 위한 과학 혁신 보드(이하 '쿼창판') 설립을 선언하였다. 정부 보조금 정책이 아닌 자본 시장을 통해 중국 첨단 기술 기업을 육성하고, 자본 시장 개혁을 동시에 추진하겠다는 의지 표명이라고 볼 수 있다.

쿼창판에는 중국 정부가 직접 육성하는 전략적 신흥 산업에 소속된 기업만 상장 가능하며, 이중 50개의 주식으로 구성된 종목이다. 홍콩증권거래소에 항셍테크(30종목) 지수가 있다면, 상해증권거래소에는 쿼창판Star50(50종목) 지수가 있는 것이다.

중국의 6대 산업을 전략적 신흥산업으로 지정하고 전략적 신흥산업 소속 기업만 쿼창판 상장을 허용한다. 특히 반도체, 인공지능, 빅데이터, 5G, 핀테크, IT 보안, 항공우주, 로봇, 전기차, 신에너지차 부품 등의 기업이 쿼창판에 상장되어 있다. 이 지수에 포함된 기업은 보통 상장 기간이 짧고 시가총액이 평균 9조 원 수준으로 상대적으로 작은 것이 특징이다.

중국 기술주 중심의 3대 시장 대표 지수

구분	STAR50 Index	Hang Seng Tech Index	ChiNext Index
거래소	상해거래소	홍콩거래소	심천거래소
대표 구성 종목	SMIC, Montage Technology, Kingsoft Office Software 등	알리바바, 텐센트, 샤오미, JD.com, 콰이쇼우, 메이투안 등	CATL, Eve Energy, Aier Eye Hospital, Wuxi Lead Intelligent 등
구성 종목 수	50종목	30종목	100종목
구성 종목 특징	• 중국 전략적 신흥산업 기업 중심으로 구성 • 미국의 견제를 받고 중국 정부의 지원을 받는 기업들이 포함되어 있음 • 상장 기간이 짧고 시가총액이 상대적으로 적음 (평균 시가총액이 약 9조 KRW)	• 홍콩 상장 중국 혁신 기업 중심의 지수 • 중국 인터넷 플랫폼 기업이 큰 비중을 차지하며 중국의 전통 IT 기업부터 인터넷 기업까지 투자하고 있는 지수 • 중국 최대 SNS 플랫폼, 중국 대표 클라우드 기업, 최대 전자상거래 기업 등에 투자	• 상장 조건 중 흑자 경영 2년 이상이 있어 신생 첨단기술 기업이 ChiNext 상장 불가 • 중국 신성장산업 테마 Index이지만 규모가 있는 전통 산업 기업 일부가 포함되어 있음 • 저부가가치의 하드웨어 기업이 다수 포함되어 산업재 비중이 큼 • 평균 시가총액이 약 15조 KRW
업종별 비중			

출처: 블룸버그(GICS 섹터 기준), 미래에셋자산운용

03 알아 두면 쓸모 있는 ETF
- 전기차/자율주행 ETF

중국은 전기차 최대 생산/소비국이다

앞서 한국과 미국 편에서도 살펴봤듯이 전기차/2차전지/자율주행 산업은 미래의 혁신 성장을 이끌 핵심 산업이다. 전기차는 내연기관을 대체한다는 점 외에도 자율주행 및 2차전지 산업과 연관성이 큰 산업이다. 빠른 응답속도와 정밀한 제어, 높은 에너지 효율성과 공간의 활용성 등 자율주행 시스템을 장착하기 적합하게 되어 있다.

전기차의 시장 확대에 직접적 수혜가 예상되는 산업은 2차전지산업이다. 전기차의 성능과 가격을 가르는 결정적인 요인이 바로 2차전지이기 때문이다. 또한 양극재, 음극재, 전해질 등 배터리 소재는 전기차 효율성 증대와 직결되는 만큼 R&D 수요와 함께 소재 산업 역시 발전할 것으로 예상된다.

이런 상황 속에 전기차와 2차전지 그리고 자율주행 기술을 선도하기 위해 지금 각 나라는 치밀하게 미래를 준비하고 있다. 전통적으로 자동차 산업의 강국인 미국과 유럽이 긴장하고 있다. 물론 테슬라라는 전기차/자율주행의 대표적인 기업이 미국에 있지만, 현재까지 상황을 보면 중국이 그 패권을 가져가고 있기 때문이다.

2022년 전 세계에서 판매된 전기차는 1,083만 대로 집계되었다. 주목할 만한 점은 2022년 전기차 판매량에서 중국 업체 BYD가 테슬라를 제치고 판매량 1위를 차지한 것이다. 전체 전기차 시장의 3/5을 차지하는 중국 내수 시장이 큰 힘이 된 것으로 판단된다. 판매량 3위, 5위도 중국 기업으로 3위는 상하이자동차, 5위는 지리자동차가 차지했다.

중국 전기차 산업은 지난 몇 년간 급격한 성장을 보였으며, 2020년 중국은 전기차 생산에서도 세계 1위를 차지하였다. 이처럼 중국이 전기차 패권을 잡아 가는 이유는 중국 정부의 전기차 산업 부양을 위한 강력한 정책이라고 볼 수 있다. 보조금 지급이 2022년 12월 말로 없어져 중국 전기차 시장의 성장이 일시적으로는 둔화될 수 있지만, 사실 보조금 때문에 전기차를 사는 시기는 지나갔다. 실제 보조금은 한화로 100만~200만 원 수준밖에 되지 않는다. 이로 인해 전기차를 구매

*연간 누적 글로벌 전기차 인도량(BEV+PHEV, 상용차 포함) (단위: 천 대)

순위	그룹명	2021년 1~12월	2022년 1~12월	성장률(%)	2021년 점유율(%)	2022년 점유율(%)
1	BYD	614	1,870	204.6	9.1	17.3
2	TESLA	938	1,314	40.0	14.0	12.1
3	SAIC	683	978	43.1	10.2	9.0
4	Volkswagen	749	815	8.8	11.2	7.5
5	Geely	305	646	111.8	4.5	6.0
6	Hyundai & Kia	362	510	40.9	5.4	4.7
7	Stellantis	359	499	38.9	5.4	4.6
8	R-N-M	340	468	37.8	5.1	4.3
9	BMW	329	412	25.3	4.9	3.8
10	Daimler(Mercedes)	285	313	9.7	4.3	2.9
기타		1,748	3,007	72.0	26.0	17.8
합계		6,713	10,831	61.3	100.0	100.0

*전기차 판매량이 집계되지 않은 일부 국가가 있으며, 2022년 자료는 집계되지 않은 국가 자료를 제외함.

출처: 2023년 1월 Global EV and Battery Monthly Tracker, SNE리서치

했다고 판단하기에는 전기차 산업이 너무 발전했다.

향후에도 본격적인 전기차 대중화를 통해 중국 전기차 시장은 2021~25년까지 연간 약 46%에 달하는 성장이 기대된다. 그러나 최근 중국에서는 전기차 시장의 경쟁이 치열해지면서 브랜드 간의 경쟁이

2022년 중국 신에너지차(전기차+하이브리드) 소매 판매량

(단위: 대)

순위	브랜드	2022년 1~12월	2022년 1~12월	국적
1	BYD	179만 9,947	59만 3,745	중국
2	SGMW	44만 2,118	43만 1,130	미·중 합작
3	테슬라	43만 9,770	32만 743	미국
4	지리	30만 4,911	8만 694	중국
5	GAC 아이안(Aion)	27만 3,757	12만 6,962	중국
6	체리	22만 1,157	9만 7,625	중국
7	창안	21만 2,277	7만 6,466	중국
8	허중 너자(NETA)	14만 8,661	6만 9,674	중국
9	리샹	13만 3,246	9만 491	중국
10	창청	12만 3,920	13만 3,997	중국
11	웨이라이(NIO)	12만 2,486	9만 1,429	중국
12	샤오펑(XPENG)	12만 757	9만 8,155	중국
13	링파오(Leapmotor)	11만 1,168	4만 4,906	중국
14	FAW-폴크스바겐	9만 9,760	7만 383	독·중 합작
15	SAIC 폴크스바겐	9만 1,761	6만 1,064	독·중 합작

출처: CPCA

심화되고 있다. 또한 중국의 전기차 시장은 빠르게 성장하면서 국내외 기업들이 진입하는 등 경쟁이 더욱 격화될 것으로 전망되기도 한다.

투자의 관점에서 보면 중국 전기차 시장은 최근 몇 년간 높은 성장세를 보이고 있으며, 미래 전기차 시장에서 중요한 위치를 차지할 것은 분명하다. 중국 전기차 시장에 투자하고자 한다면 해당 분야에 대한 전문 지식과 시장 동향을 충분히 파악하고 기업의 재무 상태, 경쟁력, 관련 정책 및 규제 등을 분석하여 투자 가능성과 위험도를 평가하는 것이 필요하다. 이는 어느 혁신성장산업이든 같다. 이러한 것이 일반 투자자로서 쉽지 않기 때문에 여러 기준에 따른 다양한 주식을 담아 놓은 ETF를 활용하는 것도 좋은 방법이다.

중국 전기차를 이끄는 대표적인 기업에는 BYD(비야디), CATL(닝더스다이) 등이 있다. BYD는 중국의 대표적인 전기차 제조 업체 중 하나로 전기차 시장에서 선두 주자로 자리 잡고 있으며, 자체적인 배터리 제조 기술을 보유하고 있다.

CATL은 전기차 배터리 시장에서 선두주자 중 하나로 자리 잡고 있으며, 국내외 자동차 제조사와의 협력으로 인해 안정적인 수익성을 보유하고 있다. 한국의 현대차, 기아차 등 국내외 자동차 제조사와도 협력하는 기업이다. 전기차 시장의 성장에 따라 CATL의 실적도 계속해서 성장할 것으로 예상된다.

중국은 전기차 분야뿐만 아니라 자율주행 기술 분야에서도 높은 성장세를 보이고 있다. 물론 자율주행에서만큼은 미국의 테슬라가 절대적으로 앞서가고 있지만 중국의 대표적인 자동차 제조 업체인 BYD, Baidu, Geely, Tencent, Huawei 등의 기업도 자율주행 기술 분야에서 높은 수준의 기술력을 이미 보유하고 있다. 이러한 기업들은

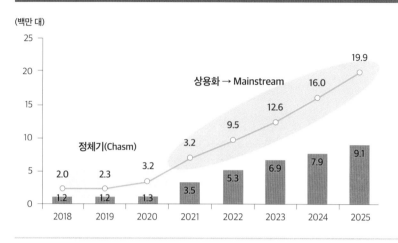

중국 전기차 산업 성장률 전망

(백만 대)

상용화 → Mainstream

정체기(Chasm)

2.0 2.3 3.2 3.2 9.5 12.6 16.0 19.9
1.2 1.2 1.3 3.5 5.3 6.9 7.9 9.1

2018 2019 2020 2021 2022 2023 2024 2025

출처: 삼성증권

인공지능, 센서, 로봇 기술 등의 분야에서 지속적인 연구 및 개발을 진행하고 있으며, 이미 자율주행 기술을 활용한 자동차 모델을 출시하고 있는 상황이다.

중국 정부는 자율주행 기술 분야의 인재 양성과 연구 개발 활성화를 위해 다양한 지원 프로그램도 운영하고 있다. 예를 들어 중국 정부는 '천진 이지스 플랜'을 통해 인공지능 분야의 청년 인재를 키우는 등 인재 양성에 큰 비중을 두고 있다. 전기차뿐 아니라 2차전지에 이은 자율주행에서까지 중국이 패권을 가져가기 위한 국가적 차원의 지원이라고 볼 수 있다.

04 알아 두면 쓸모 있는 ETF
- 중국 소비 테마 ETF

중국 경제의 '보이는 손'이 선택한 차세대 성장 동력

2021년 기준 중국 소비 시장 규모는 약 56조 달러이다. 중국은 인구 대국이며, 경제성장률이 높아지면서 소비자들의 구매력이 계속적으로 증가하고 있다. 특히 중국의 대도시들에서는 중산층과 상류층의 소비가 증가하고 있으며, 인터넷과 모바일 기술이 발달함에 따라 온라인 쇼핑 등 디지털 소비도 빠르게 성장하고 있다.

중국 내수 시장은 빈곤의 시대(1949~79년) → 소비 대약진(1980~99년) → 1차 소비 업그레이드(2000~15년)를 거쳐 2차 소비대폭발

(2016~30년)의 시기로 진입하고 있다. 세계 가계소비 비중은 각 국가의 소비 패턴과 소득 수준에 따라 상이하다. 일반적으로 높은 소득 수준을 가진 국가에서는 가계소비 비중이 높아지는 경향이 있다. 소비의 다른 요인으로는 국가의 경제 구조, 산업 구조, 정책 등이 있을 수 있다. 세계 가계소비의 비중은 OECD 국가를 중심으로 높게 나타나는데, 2019년 OECD에서는 가계소비가 GDP의 평균 60% 이상을 차지했다.

중국의 가계소비 비중은 2021년 기준으로 약 38%로 아직 낮은 수준이다. 최근 몇 년간 중국은 소비 주도 성장을 강화하기 위해 다양한 정책을 시행하고 있으며, 가계소비 비중을 높이는 것을 중요한 정책 목표로 가져가고 있다. 중국의 가계소비 비중은 과거에는 낮았지만,

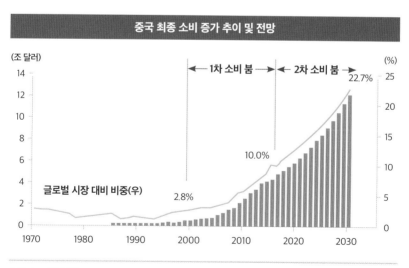

중국 최종 소비 증가 추이 및 전망

출처: UN, 삼성증권

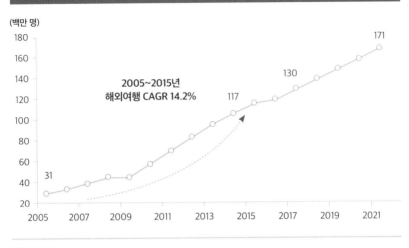

(백만 명)

2005~2015년
해외여행 CAGR 14.2%

출처: CEIC

최근 몇 년간 꾸준히 상승하는 추세를 보인다. 특히 코로나19 팬데믹 이후 소비 증대를 위해 더욱 정책을 강화하는 모습이다.

중국의 가계소비 패턴도 변화하고 있다. 예전에는 식품과 의류 등 필수 생활 용품에 많은 비중을 두었으나, 최근에는 여행, 문화 생활, 교육 등 비소비재에 대한 소비가 늘어나며 중국 경제와 소비 문화의 변화를 보여 주고 있다.

일례로 2005년부터 2015년까지 10년간 중국의 해외 여행자 수 연평균 성장률은 14.2% 수준을 보였다. 물론 2021년 코로나19 팬데믹 이전까지의 이야기일 수 있다. 코로나19 이후 2년간은 코로나19 봉쇄 정책과 더불어 증가하던 해외여행 수치나 소비 관련 수치는 현저히 떨어졌다. 하지만 이것은 2022년을 지나 2023년이 되면서 중국의 '리오프닝'이라는 말과 함께 다시금 원래의 자리를 찾아갈 것으로 보인다. 앞서 중국 소비 시장에서 언급한 것처럼 코로나19 팬데믹으로 3년 동안 축적된 가계 저축액이 900조 원에 다르며, 중국 정부의 경기부양책 등으로 소비의 확산이 다시 이루어질 것으로 기대하고 있다.

중국의 소비 시장의 성장과 함께 소비 문화의 변화를 생각해 보면, 하이엔드 상품에 대한 선호와 레저생활 등 필수 소비가 아닌 사치재 또는 임의소비재에 대한 소비가 늘고 있는 것도 주목해야 한다. 사람들은 전기차를 포함해 자동차를 사기 시작했고, 최고급술인 마오타이주를 먹고 나이키와 같은 스포츠웨어를 구매하기 시작했다. 그래서 전 세계 럭셔리 브랜드를 가지고 있는 기업이 중국에 계속적으로 진출하고 사업을 영위하려고 하는 것이다.

2021년 기준 중국 스포츠웨어 시장 규모는 약 45억 위안 수준으로, 과거 5년간 연평균 14.5% 성장했다. 중국은 인구 대국이라 중국인들의 라이프스타일 변화에 따라 경제도 크게 영향을 받는다. 최근 중국인들의 여가생활에 대한 관심이 높아지고 있으며, 특히 청소년들이 운동을 즐기는 비율이 높아지고 있다. 즉 건강과 라이프스타일을 중시하는 소비자들의 수도 늘어나고 있는 상황이다.

이런 중국 소비의 견조한 상승은 어디서 기인할까? 전문가들은 중국의 소비 패턴 변화의 원인을 중산층의 증가에 있다고 본다. 미국의 브루킹스 연구소The Brookings Institution가 2020년 10월에 내놓은 '글로벌

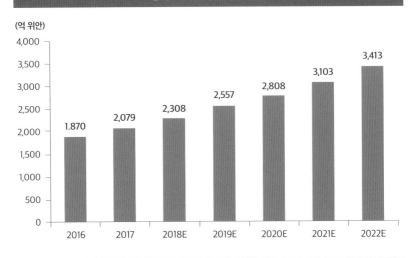

중국 스포츠웨어 시장 규모

(억 위안)

연도	값
2016	1.870
2017	2,079
2018E	2,308
2019E	2,557
2020E	2,808
2021E	3,103
2022E	3,413

출처: 전망 산업 연구원

중국' 보고서에 따르면 중국 중산층은 빠르게 증가하여 2027년에는 12억 명에 달할 것으로 추정한다. 여기서 말하는 중산층이란 2010년 기준 구매력 평가를 토대로 1인 하루 최대 110달러를 소비할 수 있는 계층을 의미한다.

　중국의 중산층이 계속 증가하고 있는 원인은 고학력 고급인력의 증가와 이에 따른 높은 연봉의 일자리 증가이다. 중국의 대학진학률은 매년 2% 증가하여 2000년 10% 수준이었던 것이 지금은 50%를 훌쩍 넘었다. 일자리의 질적인 면에서도 글로벌 성공 기업이 증가함으로써 이에 따른 고용창출과 수준 높은 연봉을 받는 중산층이 계속 늘어나고 있다. 실제로 2023년 1월 기준 세계 100대 기업을 보면, 미국(59개)에 이어 중국(13개)이 2위에 위치해 있다. 이렇듯 중국 산업 및 기업의 경쟁력 상승은 중국 내 양질의 일자리 증가로 이어졌고, 이는 중산층의 성장과 거대한 소비 문화를 만들어 냈다고 볼 수 있다.

중국은 과거에 매우 높은 속도로 성장하면서 환경 문제에 직면하고 있다. 이에 중국 정부는 이 문제를 인식하고 국내의 대기 오염, 수질 오염, 산림 파괴 등의 문제를 해결하기 위해 다양한 환경 정책을 시행하는 중이다.

대기 오염을 줄이기 위해 제조업 공장의 엄격한 규제, 화력발전소의 새로운 환경 규제 및 대기 오염 물질 배출량 감축을 시행하고 있으며, 강력한 산림 보호 및 재생 정책을 시행하여 산림 파괴를 방지하고 있다. 또한 수질 오염 문제를 해결하기 위해 물 배관망 개선, 농업에서의 화학물질 사용 제한, 공장에서의 폐기물 처리 강화 등 지속적으

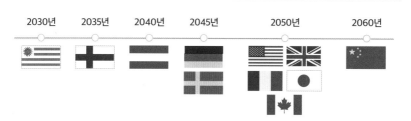

	탄소 정점 시기	선언 시기	구체적인 목표	탄소 중립 시기
미국	2007년	2021년	- 2030년 온실가스 배출량을 2005년 대비 50% 감축 - 2050년 탄소중립 실현	2050년
영국	1972년	2008년	- 2050년 탄소중립을 위해 매 5년마다 목표 갱신	2050년
프랑스	1991년	2015년	- 2030년 온실가스 배출량을 55% 감축 - 2050년 탄소중립 실현	2050년
독일	1990년	2019년	- 2030년 온실가스 배출량을 1990년 대비 55~65% 감축 - 2050년 탄소중립 실현	2045년
일본	2013년	2021년	- 2030년 온실가스 배출량을 2013년 대비 46% 감축 - 2050년 탄소중립 실현	2050년
캐나다	2007년	2021년	- 2050년 온실가스 순배출 제로 실현	2050년

출처: 미래에셋자산운용

로 대책을 내놓고 있다. 이러한 정책 중 가장 강력하게 추진하고 있는 것이 탄소중립과 태양광 및 풍력 발전 등의 신재생 에너지 개발 산업 이다.

탄소중립은 중국만의 문제가 아니다. 글로벌 아젠다이며, 주요 국가들은 구체적인 목표와 탄소중립 시기를 선언하였다.

중국은 여전히 글로벌 탄소배출량 1위 국가로, 탄소배출 감축 및 신재생에너지 산업 발전을 위한 장기적 정책 방향성을 설정하고 있다. 시진핑 주석은 2020년 9월 공식 석상에서 처음으로 '2060년 탄소중립 계획'을 선언하고, 2021년 14.5 계획에서는 비화석 에너지 비중을 현행 15%에서 2025년 20%, 2030년 25% 수준까지 늘리는 구체적 목표를 설정하고 탄소중립을 위해 다양한 대책을 발표하였다.

이를 위해 1,200GW 이상의 풍력, 태양광 설비 용량이 필요할 것으로 예상되는 만큼 향후 5년간 관련 설비 용량이 매년 70~80GW 추가될 것으로 전망된다. 이러한 신재생에너지 산업의 구조적 성장에 따른 중국의 풍력/태양광 설비 업체들의 수혜가 예상된다.

또한 중국은 탄소 배출 거버넌스를 강화하여 탄소배출에 대한 감시 및 감축을 위한 제도 개선을 시행하고 있다. 태양광이나 풍력, 수력 등의 신재생에너지 비중을 늘리고 화석연료 사용을 감소하는 정책도 포함되어 있다. 자동차 등 교통수단의 전기화를 촉진하여 전기차 산업을 확대하고, 산업 생산 과정의 효율화 및 친환경적인 공정 적용 등을 통한 배출 감소를 목표로 한다.

중국은 많은 사업이 정책에 의해 움직인다. 신재생에너지, 특히 태양광 설비와 관련해서 중국은 폴리실리콘, 셀, 모듈 등 필요 요소에 대한 서플라이체인이 독보적이다. 2020년 이미 화석 발전 원가와 태양광 발전 원가가 같아졌다. 태양광 발전이 더 이상 정부의 보조금 도

2050 탄소 넷제로를 달성하기 위한 글로벌 에너지 발전 비중

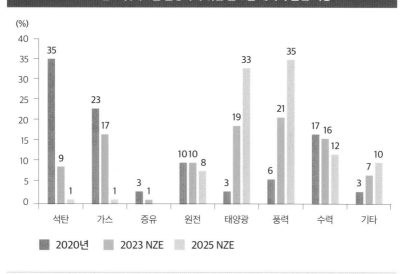

출처: IEA, 하이투자증권

움 없이도 가능하다는 뜻이다. 이에 글로벌 아젠다로 떠오른 탄소중
립과 신재생에너지에 대해 가장 수혜를 받는 나라는 중국이 될 것이
라는 전망이 지배적이다.

중국의 자체적인 정책과 글로벌 트렌드로서의 환경 정책은 향후
더 가속화될 것이고 해당 산업의 구조적인 성장을 불러올 것이다.

차이나 ETF 라인업 한눈에 보기

중국 시장 대표 지수 ETF	중국 정부 육성 수혜 테마 ETF	차이나 레버리지/인버스 ETF
TIGER 차이나CSI300	**TIGER 차이나전기차 SOLACTIVE**	**TIGER 차이나CSI300 레버리지(합성)**
상해/심천거래소 상장 우량 300개 종목에 투자	빠르게 확장하고 있는 중국 전기차 시장, 중국의 전기차 밸류체인에 투자하는 ETF	중국본토 A주로 구성된 CSI300 지수 일간수익률의 양의 2배수 수익률을 추구
TIGER 차이나항셍25	**TIGER 차이나바이오테크 SOLACTIVE**	**TIGER 차이나CSI300 인버스(합성)**
홍콩 상장 중국 본토 기업 25개에 투자	새롭게 성장하는 신약 개발의 메카 중국! 중국 바이오 산업에 투자하는 ETF	중국 CSI300 지수 일간수익률의 음(-)의 1배수로 연동되도록 운용
TIGER 차이나HSCEI	**TIGER 차이나클린에너지SOLACTIVE**	**TIGER 차이나항셍 테크레버리지(합성H)**
홍콩 상장 중국 본토 기업 50개에 투자	신재생에너지 산업 선두 국가인 중국의 클린에너지 테마에 투자하는 ETF	차이나항셍테크 레버리지 ETF. 실시간으로 차이나항셍테크 지수의 일간 수익률 2배에 투자할 수 있는 최초이자 유일한 국내 상장 ETF
TIGER 차이나과창판 STAR50(합성)	**TIGER 차이나반도체FACTSET**	
과창판 상장 주식 중 우량기업 50개에 투자	거대한 중국 반도체 내수 시장과 정부 반도체 육성 정책의 수혜가 예상되는 중국 반도체 산업 투자하는 ETF	
TIGER 차이나항셍테크	**TIGER 한중전기차(합성)**	
홍콩 상장 중국 혁신 테마 기업 50개 종목에 집중 투자	세계 전기차 시장 성장을 견인하는 한국, 중국 전기차 테마 기업에 집중 투자하는 ETF	
	TIGER 한중반도체(합성)	
	세계 메모리 반도체 시장을 리드하는 한국 기업과 세계 비메모리 반도체 시장을 리드하는 중국 기업에 투자하는 ETF	

출처: 미래에셋자산운용

06 중국 상장 ETF와 한국 상장 ETF의 차이점

해외 투자 ETF는 국내 주식 시장과 거래 시간과 휴장일 등으로 인해 적정가와의 괴리가 생기는 경우가 있다. 특히 중국의 춘절처럼 휴장 시간이 긴 경우에는 ETF의 가격과 시장가격 간의 괴리는 더 확대될 가능성이 높다.

한국 기준으로 중국은 미국이나 유럽 등에 비해서 상대적으로 시차가 적은 국가이다. 그렇다 하더라도 시차는 있기 때문에 이를 인지해야 한다. 중국과 한국 간 시차가 1시간밖에 되지 않다 보니 현지의 가격 변동이 바로 국내에 상장된 중국 투자 ETF에 반영된다. 그러나 특정 시점에는 이러한 변화가 반영되지 않는데, 대표적으로 아침 장

시작 전과 점심시간 휴장이다. 중국 시간으로 오전 9시 30분에 장이 시작하는데, 한국 시간으로는 오전 10시 30분이다. 그리고 점심시간 1시간 30분 정도에는 중국은 우리나라와 다르게 거래가 되지 않는다. 이를 그림으로 나타내면 다음과 같다.

이런 시간에는 거래를 돕는 LP(유동성공급자)가 적절한 가격에 호가를 대야 하는데, 멈춘 시장에서 헤지를 하면서 유동성을 공급하는 것은 현실적으로 매우 어렵다. 물론 선물 매수/매도 등 다양한 방법을 동원해 적정현재가NAV에 거래가 되게 하려고 노력하지만 괴리가 발생하지 않는 것은 불가능하다.

그러다 보니 중국 시장이 거래될 때와 비교해서는 LP들이 더 낮은 매수 호가, 더 높은 매도 호가를 제출할 수밖에 없어 호가 스프레드가 넓어지는 현상이 발생한다. 이런 상황에서는 ETF 시장 참여자들에 의해 가격이 결정되어 주문이 적정가에 체결되지 않을 수도 있으니, 해당 시간에는 가격 상황 등을 고려하면서 매매에 주의를 기울여야 한다.

4장

유럽, 일본, 인도 ETF의 모든 것

01 왜 유럽에 투자해야 하는가?

유럽은 미국, 중국과 더불어 세계에서 가장 큰 경제 규모를 지니는 지역 중 하나이다. 이는 항상 투자 대상으로 고려해야 하는 지역이라는 뜻이기도 하다. 유럽에는 해가 지지 않는 금융 제국 영국, 철강과 기술의 견인차 독일, 세계적 명품과 혁신의 중심 프랑스, 열정과 에너지의 스페인 등 다양한 국가가 유럽에 위치하고 있다.

우리에게 친숙한 기업도 굉장히 많다. 세계적인 명품 브랜드 루이비통·디올·펜디 등을 가지고 있는 프랑스의 LVMH와 뷰티 제품의 선두주자 로레알, 자동차 명가 독일의 폭스바겐·벤츠·BMW, 각종 식품·음료로 유명한 스위스의 네슬레, 스페인의 자라, 네덜란드의 반도체 장비 업체 ASML 등 우량기업이 다수 유럽에 포진하고 있다. 이러한 기업들을 살펴보고 나면 유럽을 투자처로 반드시 고려해야 한다는 말에 동의할 수밖에 없을 것이다.

독일/영국/프랑스/스페인의 대표 지수와 유로스탁스50

먼저 각국의 대표 지수에 대해 간략히 살펴보도록 하자.

독일의 대표 지수인 DAX30에는 자동차, 화학, 기계공학 산업이 강세를 보이는 기업들이 포함된다. 독일 경제의 기술 혁신력과 수출 경쟁력으로 인해 안정적인 성장을 보여 준다.

영국의 대표 지수인 FTSE100은 금융, 에너지, 소비재 산업이 주도하는 기업들이 포함된다. 영국은 금융 중심지로서의 역할과 유니레버와 같은 세계적인 소비재 브랜드를 보유하고 있다.

프랑스의 대표 지수인 CAC40은 고급 브랜드, 화학, 항공우주 산업이 독보적인 기업들로 구성된다. 프랑스는 세계적인 명품 브랜드와 혁신적인 항공우주 기술을 가지고 있어 높은 가치를 창출하고 있다.

스페인의 대표 지수인 IBEX35는 은행, 통신, 에너지 산업이 중심이 되는 기업들로 구성된다. 스페인은 글로벌 은행 및 통신기업을 보유하고 있으며, 에너지 산업의 성장으로 잠재력을 지닌 투자 대상이라 할 수 있다.

그 밖에 유로존 내 국가들을 포괄하고 있는 유로스탁스50 지수도 있다. 다만 영국은 유로존을 탈퇴하면서 해당 지수에서 나오게 되었으므로 영국에 대한 단독 투자를 고려하는 경우에는 FTSE100과 같은 영국 대표 지수를 개별적으로 확인할 필요가 있다. 하지만 영국과 유로존은 여전히 높은 상관관계를 보이고 있기 때문에 완전히 분리해서 보는 것은 무리가 있다.

유로스탁스50 - 유로존의 주요 기업 포함

유럽의 각국의 대표 지수와 기업들에 대해 분석하여 투자하는 것도 의미 있지만, 유로존이라는 공동체적 특징이 강한 만큼 유럽을 하나의 지역으로 묶어 투자하는 것도 좋은 방법이다. 따라서 유럽 지역에 대한 투자를 하고 싶다면 개별 국가, 개별 기업에 대한 전망보다는 유로스탁스50 지수만 살펴도 충분하다. 해당 지수는 유로존의 주요 기업을 대부분 포함하여 유럽 경제의 전반적인 성장과 안정성을 추종할 수 있기 때문이다.

유로스탁스50은 유로존의 여러 나라와 다양한 산업 분야의 주요 기업들을 포함하고 있어 투자자의 포트폴리오를 다양화하고, 특정 산업이나 국가에 대한 위험을 줄일 수 있다는 장점이 있다. 또한 유로스탁스50에 포함된 기업은 대부분 시가총액이 크고, 장기적으로 안정적

국가	지수명	특징
독일	DAX30	자동차, 화학, 제약 등 다양한 산업 분야의 대형 기업들이 포함되며 독일 경제의 건실함을 대표한다.
영국	FTSE100	금융, 소비재, 에너지 등 다양한 산업 분야의 기업들이 포함되며 영국 경제의 다양성을 대표한다.
프랑스	CAC40	고급 브랜드, 화학, 항공우주 산업 등 독보적인 기업들이 포함되며 프랑스 경제의 혁신성을 대표한다.
스페인	IBEX35	은행, 통신, 에너지 등 다양한 산업 분야의 기업들이 포함되며 스페인 경제의 역동성을 보여 준다.
유럽	유로스탁스50	유로존의 주요 기업들이 포함되며 유럽 경제의 전반적인 성장과 안정성을 대표한다.

유럽 국가별 대표 지수

유로스탁스50 내 TOP 10 기업 및 비중

2023. 7. 31. 기준

구분	종목명	비중(%)
1	ASML Holding NV	8.20
2	LVMH	7.17
3	TotalEnergies SE	4.38
4	SAP SE	3.96
5	Sanofi SA	3.77
6	Siemens AG	3.58
7	L'Oreal SA	3.27
8	Allianz SE	2.81
9	Schneider Electric SE	2.76
10	Air Liquide SA	2.66

출처: Yahoofinance

인 성장을 보여 준 회사들로서 경제 변동성에 대한 저항력이 높아 안정적인 수익을 기대할 수 있다.

더불어 유로스탁스50 지수를 추종하는 상장지수펀드ETF나 인덱스펀드가 활성화되다 보니 보다 손쉽게 투자할 수 있어 투자 편의성도 높다고 할 수 있다. 이를 통해 투자자는 개별 기업의 주식을 직접 매수하는 것보다 낮은 비용으로 지수에 투자할 수 있다. 다시 말해 유로스탁스50 ETF에 투자함으로써 다양한 산업과 국가에 걸쳐 투자하며

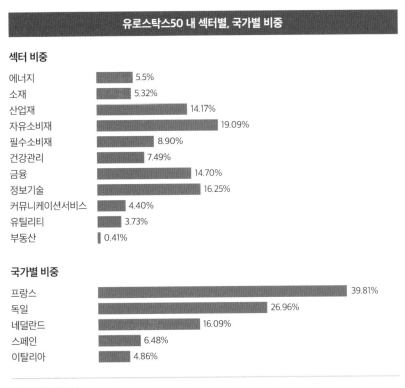

유로스탁스50 내 섹터별, 국가별 비중

섹터 비중

섹터	비중
에너지	5.5%
소재	5.32%
산업재	14.17%
자유소비재	19.09%
필수소비재	8.90%
건강관리	7.49%
금융	14.70%
정보기술	16.25%
커뮤니케이션서비스	4.40%
유틸리티	3.73%
부동산	0.41%

국가별 비중

프랑스	39.81%
독일	26.96%
네덜란드	16.09%
스페인	6.48%
이탈리아	4.86%

출처: ETF CHECK

저렴한 비용으로 안정적인 수익 창출과 위험 분산을 기대할 수 있다.

유로스탁스50 ETF

2023. 7. 31. 기준

ETF명	총 보수 (연, %)	시가총액 (억 원)	상장일	비고
TIGER 유로스탁스50(합성H)	0.24	515	2014. 4. 30.	-
KBSTAR 유로스탁스50(H)	0.021	73	2021. 4. 9.	-
TIGER 유로스탁스레버리지(합성H)	0.58	101	2015. 7. 29.	레버리지

출처: 데이터가이드

02 왜 일본에 투자해야 하는가?

성장 저력을 갖춘 국가

일본은 오랜 기간 주요 선진국으로서 세계 경제에 막대한 영향을 미쳐 온 국가이다. 실제 일본은 엔화를 보유한 기축통화국이자 세계 2위의 경제대국이었다. 그러나 현재는 출산율 저하, 경제성장률 둔화 등으로 인해 많은 투자자가 우려의 목소리를 내고 있는 시장이기도 하다.

우리는 투자처로서 일본을 어떻게 봐야 할까? 일본의 불안한 요소들에도 불구하고 여전히 일본 시장을 염두에 두어야 한다. 일본은 도

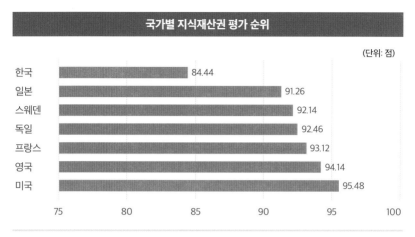

출처: 미국 상공회의소, 2023년 국제지식재산 지수(제11판) 보고서

요타, 소니 등 다수의 탄탄한 기업들을 가지고 있으며, 이러한 기업들은 오랜 기간의 투자에서 얻은 뛰어난 노하우 및 기술을 보유하고 있기 때문이다. 즉 일본은 충분한 기저능력을 보유한 국가로서 다시금 성장할 저력을 가지고 있다.

일본의 잠재력을 파악할 수 있는 예로 국가별 지식재산권IP을 들수 있다. 2023년 발표된 미국 상공회의소 글로벌혁신정책센터GIPC의 보고서에 따르면 일본의 국제 IP 지수는 91.26점으로 전 세계 6위이다. 또한 일본은 특허, 저작권뿐 아니라 기초과학 분야에서도 강점을 가지고 있는데, 기초과학은 오랜 기간 투자가 바탕이 되어야 하는 만큼 막강한 경쟁력이라고 할 수 있다.

더불어 일본은 기축통화인 '엔화' 보유국이다. 앞서 살펴본 달러와 같이 엔화 역시 대표적인 안전자산으로 분류되어 왔다. 일본은 큰 규모의 외화자산과 탄탄한 경제 기초체력을 가지고 있기 때문이다. 실제 일본의 외환보유액도 1조 2,260억 달러로 세계 2위 수준이다(2023년 3월 기준).

물론 2022, 2023년과 같이 엔화의 가치가 급락한 경우도 있지만, 이는 일본 정부의 금융완화정책으로 인한 현상으로 볼 수 있다. 2022년 말 기준 엔화의 가치는 24년 만의 최저치이자 2010년 대비 약 42%의 저평가 상태로 엔화의 저평가 국면은 일정 부분 전환될 것으로 전망된다.

일본의 대표 지수 - TOPIX, Nikkei225

일본 주식 시장을 대표하는 지수는 TOPIX와 Nikkei225 2가지이다.

TOPIX와 Nikkei225 비교		
구분	**TOPIX**	**Nikkei225**
지수 제공 기관	Tokyo Stock Exchange, Inc. (TSE)	Nihon-Keizai-Shimbun(언론사)
구성 종목 기준	도쿄거래소 1부 시장 상장 모든 종목	도쿄거래소 1부 시장 상장 225종목
구성 종목 수	약 2,169종목	225종목
지수 산출 방법	유동주식 수 시가총액 가중 방식	가격 가중 방식

이 두 지수의 지수는 앞서 살펴본 미국 대표 지수 S&P500, 다우 지수와 유사하다. TOPIX는 S&P500과 같이 시가총액 비중에 따라 구성되며, Nikkei225는 다우 지수와 동일하게 가격 가중 방식으로 구성된다. 지수 산출 방법이 다르기 때문에 각 지수별 상위 구성 종목에는 차이가 있다.

먼저 TOPIX 지수는 일본의 도쿄증권거래소가 1969년부터 산출한

TOPIX 업종 비중 및 상위 종목

2023. 2. 28. 기준

업종별		종목별	
구분	비중(%)	구분	비중(%)
산업	23.5	TOYOTA	3.6
자유소비재	17.8	SONY	2.8
정보 기술	13.1	MITSUBISHI UFJ FINANCIAL	2.1
헬스케어	8.6	KEYENCE	2.1
금융	11.5	NIPPON TELEGRAPH & TELEPHONE	1.8
필수소비재	7.5	SUMITOMO MITSUI FINANCIAL	1.5
소재	5.7	DAIICHI SANKYO	1.3
부동산	1.9	TAKEDA PHARMACEUTICAL	1.3
유틸리티	1.3	HITACHI	1.2
에너지	0.9	TOKYO ELECTRON	1.2
커뮤니케이션서비스	8.2	NINTENDO	1.1

출처: 블룸버그

주가지수로, 도쿄증권거래소 1부에 상장된 모든 기업을 대상으로 하여 채택 종목 수가 많고 그만큼 대표성 역시 높다. 구성 종목을 살펴보면 도요타, 소니 등 Nikkei225 지수 대비 대체적으로 국내 투자자들에게 친숙한 기업들로 구성되어 있다. 국내 상장된 ETF 중에서는 TIGER 일본TOPIX ETF가 대표적으로 일본 자체에 투자하고 싶은 투자자들에게 적합하다.

다음으로 Nikkei225 지수는 도쿄증권거래소 1부에 상장된 유동성 높은 225종목을 대상으로 하는 지수로, TOPIX에 비해 성장 가능성이 높은 종목에 집중 투자한다고 할 수 있다. 국내 상장된 대표적인 ETF로는 TIGER 일본니케이225가 있다.

주요 일본 ETF		
		2023. 7. 31. 기준
ETF명	시가총액(억 원)	총 보수(연, %)
TIGER 일본TOPIX(합성H)	724	0.24
TIGER 일본니케이225	2,387	0.35
ACE 일본Nikkei225(H)	150	0.30
KODEX 일본TOPIX100	461	0.37

출처: 데이터가이드

03 왜 인도에 투자해야 하는가?

세계의 공장 역할을 해 온 중국의 라이벌인 인도도 매력적인 투자처로 각광받고 있다. 인도의 성장이 기대되는 이유로는 글로벌 공급망의 재편에 따라 인도가 새로운 글로벌 생산 거점으로 부상하고 있다는 점과 해외 기업의 적극적인 인도 진출 장려 정책을 꼽을 수 있다. 중국을 넘어선 인구 대국으로서 생산과 소비 양측에서 강점을 가지고 있는 인도에 대해 자세히 살펴보도록 하자.

글로벌 공급망이 재편되고 정책 지원이 있다

미국은 반도체 법안CHIPS과 인플레이션 감축 법안IRA 등을 발표하여 패권 경쟁국인 중국을 견제하고 있다. 이에 기존의 세계 공급망 중심을 이루고 있는 중국에 대한 대안으로 인도를 새로운 글로벌 공급망 중심에 편입시키기 위한 노력을 펼치고 있다. 이를 위해 인도-태평양 경제 프레임워크IPEF와 4개국 안보 회담QUAD 등이 추진되고 있다.

뿐만 아니라 인도의 모디 정부는 2014년 출범 이후 다양한 정책과 프로젝트를 통해 제조업과 인프라 산업을 지속적으로 육성하여 인도

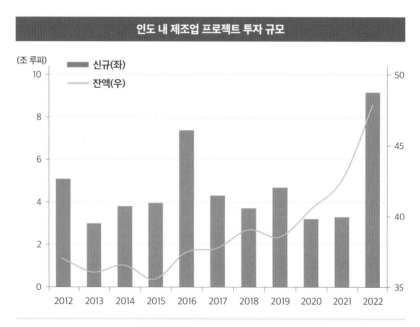

출처: 대외경제정책연구원

의 산업 구조를 균형 있게 발전시키기 위해 노력해 왔다. 특히 'Make in India' 정책을 바탕으로 제조 산업 및 인프라에 대한 CAPEX 투자가 지속적으로 증가하고 있다.

CAPEX 투자란 기업의 생산능력과 용량을 향상시키거나 경쟁력을 강화하기 위한 목적으로 이루어지는 장기적인 자산에 대한 투자로 건물, 기계, 설비, 기술 개발, 연구 및 개발R&D 등이 포함된다. 이러한 인프라 투자는 제조업 육성, 수출 확대, 경제 증진으로 이어지는 효과로 연결된다.

인도 정부의 강력한 정책 지원 덕분에 사업 환경이 개선되고 있으며, 이로 인해 실제로 글로벌 빅테크 기업들의 인도 투자가 크게 증가하고 있다. 2020년 이후 구글, 메타, 인텔, 도요타, 삼성전자 등 글로

글로벌 기업의 인도 투자 현황			
기업명	날짜	투자 규모	투자 내용
구글	2020년 6월	45억 달러	• 인도 디지털화 가속화를 위한 파트너십 구축 • 릴라이언스 지오 플랫폼 지분 7.7% 인수
메타	2020년 4월	50억 달러	• 릴라이언스 지오 플랫폼 지분 인수
인텔	2020년 7월	2억 달러	• 릴라이언스 지오 플랫폼 지분 인수
도요타	2022년 5월	6억 달러	• 인도 전기자동차 시장 투자
삼성전자	2022년 11월	5억 달러	• 4G, 5G 이동통신장비 생산 공장 건설 추진
현대자동차	2021년 12월	5억 달러	• 인도 전기자동차 시장 투자

출처: KB증권, 언론 종합

벌 대기업들이 인도 진출 및 투자를 본격화하였다. 최근 애플은 아이폰 14를 인도에서 생산한다고 발표했으며, 아이패드의 중국 생산 라인 일부를 인도로 옮기는 방안을 검토하고 있다. 이러한 움직임은 인도의 경제 성장과 글로벌 공급망에서의 위치 상승에 기여하게 될 것으로 예상된다.

법인세율 인하와 외국인 직접투자FDI 한도 상향 조정 등 정부의 기업 우호적 정책으로 인해 인도의 외국인 직접투자 순유입액도 크게 증가했다. 인도의 FDI 순유입액은 지난 20년간 연평균 15.5%의 놀라운 성장률을 기록했다. 글로벌 공급망에서 생산을 담당하는 베트남,

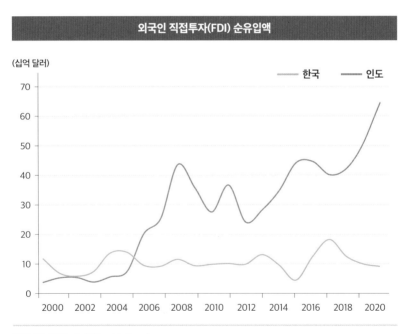

외국인 직접투자(FDI) 순유입액

(십억 달러)

출처: World Bank, 'FDI net inflows'

글로벌 ETF

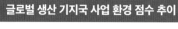

글로벌 생산 기지국 사업 환경 점수 추이

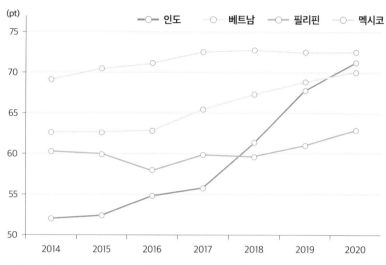

출처: World Bank, 'Ease of doing business score'

필리핀 등 기타 국가들과 비교했을 때 인도의 사업 환경 개선 속도는 매우 두드러진다.

인구에 기반한 세계 최대 공급자이자 수요자이다

유엔에 따르면 2023년에 인도는 중국을 제치고 세계 최대 인구 대국으로 등극했다. 이러한 대규모 인력 공급과 글로벌 공급망 중심에 인도가 편입되고 있는 사실이 상호 작용하며 인도가 세계 최대의 노동,

소비 시장으로 떠오르고 있다.

인도는 인구 규모가 세계 최대라는 점뿐 아니라 중위 연령 31세의 젊은 노동력을 보유하고 있다는 점에서도 매력적이다. 2030년 인도의 Z세대 인구는 약 3억 7,000만 명으로 추산되며, 이들은 디지털 기술 기반의 제품과 서비스 소비를 확대할 것으로 보인다. 그 밖에도 인도는 영어를 사용할 수 있는 인구가 많으며, 과학 기술 분야에서 우수성을 갖추고 있어 중·장기적 경제 성장 잠재력을 갖추었다고 볼 수 있다.

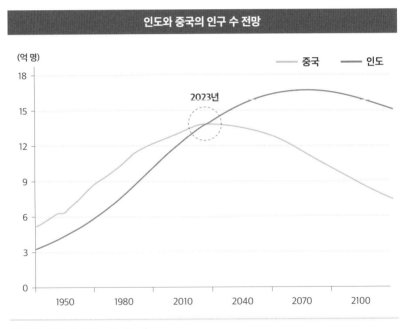

인도와 중국의 인구 수 전망

출처: World Bank, 'FDI net inflows'

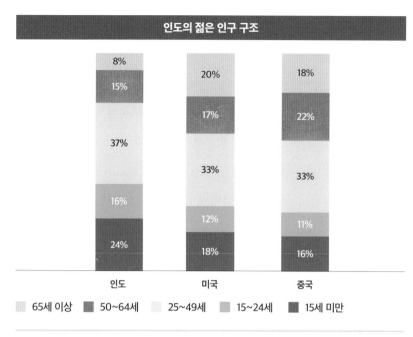

인도의 젊은 인구 구조

	인도	미국	중국
65세 이상	8%	20%	18%
50~64세	15%	17%	22%
25~49세	37%	33%	33%
15~24세	16%	12%	11%
15세 미만	24%	18%	16%

출처: UN, 2030 전망치

매출 및 이익 성장률이 높다

인도의 GDP는 증가하는 인구와 경제 성장에 힘입어 연평균 6.3% 성장할 것으로 전망되며, 2030년에는 일본과 독일을 능가하는 세계 3위 경제 대국으로 부상할 것으로 예상된다. 또한 같은 기간 동안 1인당 실질소득은 5.3%의 연평균 성장률을 달성할 것으로 전망되며, G20 국가들 중 가장 큰 가계소비국이 될 것으로 예상된다. 실제로 세계 주요 국가들의 대표 지수 중 인도의 Nifty50 지수는 2005년 이후 연 매출액 성장률이 중국의 CSI300 지수와 미국의 S&P500 지수를 크게 상회하고 있다. 영업이익EBIT 측면에서도 Nifty50 지수는 다른 주요 국가들의 대표 지수에 비해 높은 성장률을 보이고 있다.

결과적으로 인구 규모, 경제 성장 잠재력을 비롯해 인도 정부의 정책 지원과 개선되는 사업 환경 덕분에 글로벌 기업들의 인도 투자가 늘어나고 있다. 이러한 요소들을 종합하면 인도는 투자 가치가 높은 국가로서 매력적인 기회를 제공하며, 미래의 글로벌 공급망과 소비 시장에서 핵심적인 역할을 할 것으로 예상된다.

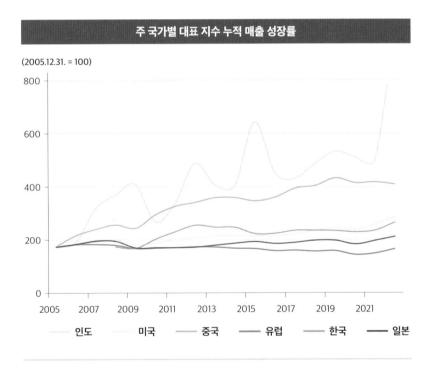

주 국가별 대표 지수 누적 매출 성장률

(2005.12.31. = 100)

범례: 인도　미국　중국　유럽　한국　일본

출처: World Bank, 'FDI net inflows'

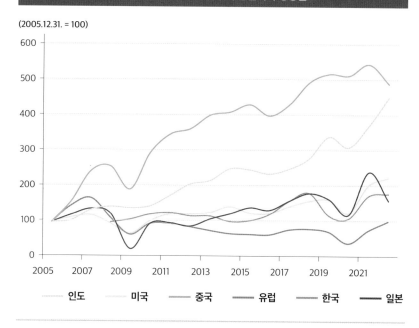

주요 국가별 대표 지수 누적 영업이익 성장률

(2005.12.31. = 100)

출처: World Bank, 'FDI net inflows'

따라서 인도에 투자하는 것은 장기적인 성장과 수익 창출에 도움이 될 것으로 보인다. 최근 인도에 대한 투자 관심이 많아지면서 여러 인도 니프티50 ETF가 상장되기도 했다.

인도니프티50 ETF			

2023. 7. 31. 기준

ETF명	총 보수(연, %)	시가총액(억 원)	상장일
TIGER 인도니프티50	0.19	967	2023. 4. 14.
KOSEF 인도Nifty50(합성)	0.29	1,877	2014. 6. 26.
KODEX 인도Nifty50	0.19	1,071	2023. 4. 21.

출처: 데이터가이드

5장

돈이 굴러 들어오는
자산 배분

01 투자의 왕도는 자산 배분이다

모든 투자자는 항상 어떻게 보다 많은 수익을 안정적으로 창출할 수 있을지를 고민한다. 그런 고민의 해답을 찾기 위한 연구는 일찍부터 이루어져 왔는데, 결론부터 말하자면 '자산 배분'이 성공적인 투자의 좋은 방법이자 정도正道이다. 1986년 발표된 게리 브린슨의 논문에 따르면 자산 배분이 수익에 미치는 영향은 무려 90%에 달한다. 해당 논문에서는 90개 이상 연기금의 10년치 투자 실적을 분석하여 자산 배분 외 종목 선정과 마켓 타이밍이 수익에 미치는 비중은 각 4.2%, 1.7%에 그침을 밝혀 냈다.

일반적으로 투자자들은 자산 배분보다 종목 선정과 거래 시점을

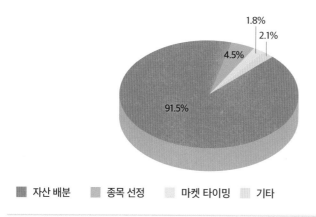

포트폴리오 성과의 결정 요인

1.8%
2.1%
4.5%
91.5%

■ 자산 배분　■ 종목 선정　■ 마켓 타이밍　■ 기타

출처: 게리 브린슨, 「포트폴리오의 실적을 결정하는 요소」

중요한 지표라고 느끼는 경우가 많다. 특정 테마주를 선택해서 저점에 매수하고 고점에 매도해 많은 수익을 만들어 냈다는 전설적인 이야기들이 들리는 반면, 자산 배분을 잘해서 수익을 창출해 냈다는 이야기는 상대적으로 적기 때문이다.

그러나 전문가들은 자산 배분이 수익에 미치는 비중에 대한 이견은 있으나 자산 배분이 가장 중요하다는 것에는 이견이 없다. 즉 자산 배분 방법에 따라 수익률과 수익을 거두어들이는 시점은 달라질 수 있지만, 결국 자산 배분이 성공적인 투자의 왕도라는 점은 부정할 수 없다.

자산 배분을 꼭 해야 하는 이유

투자에서 진정한 의미의 자산 배분은 주식, 채권, 금, 원자재 등 다양한 자산에 투자하는 것이다. 투자할 때 자산 배분을 꼭 해야 하는 이유는 다양한 자산군에 분산 투자하는 방법이 리스크를 줄이고 수익을 늘릴 수 있는 최선책이기 때문이다.

우리는 시장의 방향을 항상 명확하게 예측할 수 없다. 언제나 옳은 선택을 하여 수익을 창출할 수는 없으며, 손실을 보는 시점도 있고, 손실 구간이 장기화되는 상황도 발생한다. 자산 배분은 바로 이러한 위기 상황에서 빛을 발한다.

주식, 채권, 금, 원자재 등 성격이 다른 자산들은 시장 상황에 따라 낮은 상관관계를 보이며 움직인다. 상관관계는 서로 다른 자산의 수익률이 얼마나 비슷하게 움직이는지를 나타내는 지표이다. 상관관계가 1에 가까울수록 두 자산의 수익률이 비슷해지고 -1에 가까울수록 반대로 움직인다. 상관관계가 0이라면 두 자산은 전혀 상관이 없는 것으로 생각할 수 있다. 시장이 호황일 때에는 주식이나 생산에 쓰이는 원자재가 높은 수익률을 보여 준다. 반대로 시장이 어려울 때에는 비교적 변동성이 낮고 이자를 꾸준히 지급하는 채권이 강세를 보인다. 금과 달러는 대표적인 안전자산으로 다른 자산들의 가치가 떨어질 때에도 일정 가치를 지키며 포트폴리오 내 중심을 잡아 줄 수 있다.

예를 들어 주식에만 100% 투자한 투자자는 시장의 변동성으로 인해 -50% 이상의 손실을 보는 경우가 있을 수 있다. 그러나 주식 외 채권, 금 등에 투자하여 자산 배분을 했다면 다른 자산의 상승분이 주식 손실분을 일정 부분 상쇄해 포트폴리오 성과를 -50%가 아닌 -20%, -30%로 방어해 줄 수 있다. 이것이 자산 배분 효과이다. 이처럼 자산 배분은 다양한 자산에 분산 투자하여 리스크를 배분하는 것으로 시장을 완벽하게 예측하기 어려워 세워 놓는 대비책이다.

또한 자산 배분은 효율적인 투자를 가능하게 한다. 우선 자산 배분을 통해 투자자 성향에 따른 차별화된 포트폴리오를 구성할 수 있다. 위험을 선호하는 투자자의 경우에는 주식의 비중을 높이고, 보다 안정적인 성향의 투자자에게는 채권 등의 비중을 높여 변동성과 위험 대비 수익을 조정할 수 있다.

자산 배분은 경기 국면에 따라 각 자산군에 대한 비율을 조절해 효율적인 투자를 가능하게 한다. 예를 들어 경기 침체기가 시작되면 채권이나 금의 비중을 높은 비중으로 가져가고, 경기 침체기가 끝나거나 다시 상승하는 모습을 보이게 되면 주식 비중을 높인다.

이처럼 투자 성향 및 경기 국면에 따른 포트폴리오를 미리 구축해 놓는다면 많은 시간을 투자해 각 종목을 분석하고 마켓 타이밍을 신경 쓰기보다 정해 놓은 주기에 리밸런싱을 진행하며 효율적으로 포트폴리오를 관리할 수 있다. 투자자 중 상당수는 많은 시간을 투자에 할애하기 어렵거나, 심지어 시간을 투자하는 것 자체가 부담스러워 시작하지 못하는 경우가 있다. 이러한 투자자들도 자산 배분을 활용한다면 효과적으로 투자를 할 수 있다.

자산 배분에 편리하고 완벽한 ETF

ETF는 주식거래소에 상장된 펀드로 자산 배분을 실현할 수 있는 가장 편리하고 완벽한 상품이라고 할 수 있다. 자산 배분은 분산 투자와 장기 투자에 기반하는데, ETF는 상품 자체로 분산 투자 효과를 가지며 장기 투자를 위해 필수적인 편리성, 저비용 등의 핵심 요소들을 이미 갖추고 있다.

편리성

ETF는 손쉽게 투자할 수 있는 상품이자 투자 방법으로 개인 투자자들에게 적합하다. ETF는 상품명만 보더라도 상품 구조에 대한 파악이 직관적으로 가능하며, 수익률이 특정 지수 및 자산에 연동되어 상

ETF 상품명에서 기초 파악하기							
TIGER	미국	S&P500	PR	레버리지	(합성	H)	
브랜드	투자 지역	기초 지수	분배 여부	추적 배수		합성/현물	환헤지

출처: 미래에셋자산운용

대적으로 투자 판단이 용이하다.

또한 거래의 투명성이 높고 환금성이 뛰어나다. ETF를 구성하고 있는 종목은 PDF(ETF의 구성 종목을 확인할 수 있는 화면)에 항상 공개되어 있고, 국내 주식형 ETF의 경우 개별 구성 종목의 등락률까지 실시간으로 확인할 수 있다. 더불어 ETF는 펀드와 달리 장중 매매가 가능하여 장중 매매시점을 결정할 수 있으며, 실시간으로 투자의 결과를 알 수 있어 직관적이라고 할 수 있다.

저비용

ETF는 자산 배분을 할 수 있는 수단 중 상대적으로 비용이 적게 든다. 펀드에 비해 운용 보수가 저렴하며, 별도 환매 수수료가 없고 증권거래세가 면제되어 개별 주식보다 비용 측면에서 유리하다.

'보수 1% 차이가 내 자산 수익률에 얼마나 영향을 끼치겠어?'라고 생각하는 투자자도 있겠지만, 장기 투자에서 1%의 보수 차이는 큰 수익 차이로 이어지는 만큼 중요한 사항이다. 특히 채권 ETF의 경우 거래 수수료가 개별 채권 대비 상당히 낮다.

더불어 ETF의 낮은 1주당 가격도 매력적이다. ETF는 많은 투자자의 돈을 모아 구성된 금융 상품으로 미국 채권, 원유, 금, 인프라 등 다양한 자산에 소액으로도 투자할 수 있다.

분산 투자

ETF는 상품 자체로 분산 투자의 기능을 가지고 있다. ETF가 신규로 상장되기 위해서는 특정 요건들을 갖추어야 하는데, 주식형 ETF의 경우 10종목 이상으로 구성되어야 하며 한 종목을 30% 이상 편입할 수 없다. 즉 ETF는 개별 종목에 투자하는 것이 아니라 다양한 종목에 투자하므로 자연스레 분산 투자의 기능을 갖추며, 개별 종목 대비 투자 위험을 낮출 수 있다. 예를 들어 TIGER S&P500 ETF 1주를 사는 것은 ETF의 구성 종목 500개에 분산 투자한 것과 같은 효과를 가진다. 따라서 당연히 S&P500 지수 내에 있는 특정 종목을 매수하는 것보다 변동성이 낮다.

시장 대표 지수가 아닌 테마 투자에서도 분산 투자 효과는 적용된다. 일례로 TIGER 미국필라델피아반도체나스닥 ETF는 필라델피아반도체지수를 추종하는 ETF로, 해당 지수에는 메모리 업체뿐 아니라 비메모리 업체 모두가 포함되어 있어 반도체 산업 전반에 대한 분산 투자 효과가 있다.

또한 ETF는 우량기업만을 편입하여 위험을 분산하는 효과도 가진다. 실제 각 ETF마다 투자 대상을 결정하는 방법론이 있는데, 이는 위험을 필터링하는 기능을 한다. 앞서 예시로 들었던 필라델피아반도체지수에 포함되려면 다음의 조건을 만족시켜야 한다.

① 시가총액 1억 달러 이상 & 6개월 평균 거래량 150만 주 이상 & 상장 이후 3개

월 이상 경과

② 시가총액 상위 30위 선정, 유동 시가총액 가중 방식으로 비중을 결정하며, 종목별 캡은 상위 5종목 8%, 나머지 종목은 4% 제한

이처럼 명확한 기준을 바탕으로 투자할 기업들을 선별하기 때문에 통상 우량주/대형주 위주로 구성되어 위험을 일차적으로 분산시킨다. 위와 같은 기준을 통과한 기업들이 그렇지 못한 기업 대비 부도 등의 위험에 처할 가능성은 상대적으로 적으며, 만약 한 종목이 부도의 위험에 처할지라도 각 종목별 캡이 있는 만큼 투자자가 감수해야 할 위험은 더욱 적어진다.

더불어 주식형뿐 아니라 채권, 원자재, 통화 등 다양한 종류의 ETF가 상장되어 있어 개별적으로 투자하기 어려운 자산에도 ETF를 활용한다면 쉽고 편리하게 자산 배분을 할 수 있다.

02 자산 배분에 필요한 ETF
- 채권형

주식과 더불어 가장 주목받는 자산, 채권

2022년은 '채권의 해'였다고 말해도 과언이 아니다. 금리 상승과 주식 시장의 침체로 이자 수익이 안정적인 고금리 채권에 대한 관심이 증가하면서 2022년 개인 채권 순매수는 20조 원을 돌파했다. 이는 전년 대비 16.8조 원이 증가한 규모이다(471% 증가). 채권의 인기는 ETF에서도 찾아볼 수 있는데, 2022년 국내에 상장된 139종목 중 채권&혼합형은 46종목으로 약 33%를 차지했다. 2021년에 신규 상장한 채권형 ETF가 6종목인 것을 감안하면 얼마나 많은 관심을 받았는지 알 수 있다.

개인의 채권 종류별 순매수 현황

2023. 1. 13. 기준(단위: 억 원)

구분	2020년	2021년	2022년	전년대비
순매수계	15,539	45,412	213,797	168,385
국채	-210	705	34,256	33,551
지방채	-147	238	2,327	2,089
특수채	-2,762	-1,458	19,403	20,861
통안채	326	125	-150	-275
은행채	599	12,862	9,884	-2,978
기타 금융채	4,488	4,811	59,728	65,917
회사채	9,174	22,981	81,304	58,323
ABS	4,070	5,148	7,046	1,898

출처: 금융투자협회

2021, 2022년 신규 상장된 국내 ETF

2023. 3. 31. 기준

출처: KRX정보데이터시스템

국내뿐 아니라 해외에서도 채권의 인기와 더불어 투자자들의 위험 회피 성향이 뚜렷하게 나타났다. 2022년뿐 아니라 2023년 1분기에도 주식형 ETF에서 지속적으로 자금이 빠졌으며, 반대로 안전 자산인 채권형 ETF에는 자금이 기록적으로 몰렸다.

미국증권거래소 베츠글로벌마켓에 따르면 2023년 1분기 미국 주식형 ETF에서 약 3조 7,563억 원이 순유출되었다. 여기서 주목할 점은 같은 기간 동안 주요 지수들은 큰 폭으로 상승했다는 점이다. 실제 해당 기간 동안 S&P500 지수는 7.46%, 나스닥 지수는 17.67% 상승했으나 투자자들은 오히려 주식형 ETF에서 자금을 뺀 것이다.

이러한 상황은 2022년 1분기 주가가 폭락했던 상황과 상반된다. 2022년 1분기 S&P500 지수는 9% 가까이 하락했으나, 주식형 ETF에는 오히려 1,302조 원이 순유입되었다. 이러한 현상은 현재 채권의 인기가 일시적인 현상이 아니며, 주식과 더불어 가장 주목받는 자산임을 보여 준다고 할 수 있다.

그렇다면 채권, 그중에서도 편리하게 채권에 투자할 수 있는 채권형 ETF에 대해 알아보자.

만기 매칭형 채권 ETF

채권형 ETF 중에서도 특색 있는 상품이 있다. 바로 '만기가 있는 채권

ETF'이다. 만기 매칭형 채권 ETF는 상품명에서도 파악할 수 있듯이 정해진 만기가 있는 ETF로 만기까지 보유 시 채권처럼 안정적인 만기 수익률을 기대할 수 있다.

통상 주식형 ETF를 포함한 대부분의 ETF는 만기가 존재하지 않아 ETF에 만기가 있다는 말이 어색하게 느껴질 것이다. 2022년 8월 주식 거래소의 관련 규정 개정으로 채권형 상품의 경우 ETF의 만기가 있는 상품 출시가 가능해졌다. 만기 매칭형 채권 ETF와 일반 채권 ETF는 아래 표와 같이 만기 존재 여부, 만기 청산 여부 등 다양한 차이점이 있다. 만기 매칭형 채권 ETF의 특징을 하나씩 살펴보자.

만기가 있다

만기 매칭형 채권 ETF는 종목명에 만기와 투자 대상을 기재한다. 따라서 종목명만으로도 만기가 언제인지 파악할 수 있다. 예를 들어

만기 매칭형 채권 ETF과 일반 채권 ETF 비교		
구분	만기 매칭형 채권 ETF	일반 채권 ETF
만기 존재 여부	O	X
만기 청산 여부	O (만기 시 상장 폐지)	X (상장 폐지 충족 시 상장 폐지)
투자자금 회수	만기 보유 또는 중도 매도	중도 매도
듀레이션(Duration)	만기에 근접할수록 감소	일정 수준의 듀레이션 유지

출처: 미래에셋자산운용

TIGER 24-10회사채(A+이상)액티브 ETF의 경우 2024년 10월 만기인 ETF이며, 주요 투자 대상은 A+이상 회사채임을 알 수 있다.

만기가 되면 상장 폐지된다

기존 ETF는 상장 규모가 일정 수준 이하 감소하거나 상관계수 미달 등 상장 폐지 요건이 충족될 경우에만 상장이 폐지된다. 그러나 만기 매칭형 채권 ETF는 만기 도래 시 상장 폐지되며, 투자자들은 ETF 순자산 가치를 기준으로 산출된 해지상환금을 돌려받는다. 상장 폐지일은 투자설명서에 기재된 존속 기간으로부터 통상 2~3영업일 이내이나, 정확한 날짜는 상장 폐지 2~3개월 전에 거래소에서 최종 안내되므로 변동 가능성이 있다.

만기 수익률을 받을 수 있다

만기 매칭형 채권 ETF는 만기까지 보유 시 매수 시점에 고시된 만기 수익률을 받을 수 있다. 만기 수익률은 운용사 홈페이지에서 확인할 수 있다. 특히 만기까지 보유할 계획이 있을 경우 홈페이지에 고시된 만기 수익률을 확인하는 것이 중요하다.

이처럼 만기 매칭형 채권 ETF의 가장 큰 특징은 만기 매칭을 통해 금리 변동성을 낮추고 만기까지 보유 시 투자 시점의 기대 만기 수익률을 실현할 수 있다는 것이다. 또한 만기 이전에 금리가 하락할 경우 매도를 통해 자본 차익을 낼 수 있다. 따라서 만기 매칭형 채권 ETF는 다음과 같은 투자자에게 추천한다.

① 단기 금리 상품 대비 상대적으로 높은 수익률을 기대하는 투자자
② 현재 수준의 채권 금리에 투자하다가 향후 금리 인하 시 자본 차익까지 기대해 보고 싶은 투자자
③ 금리 변동기, 현재의 금리 수준을 만기까지 꽉 잡고 싶은 투자자

만기 매칭형 채권 ETF는 이러한 장점으로 인해 2022년 11월 최초 상장 이후 4개월 만에 자산 규모가 3배 이상 증가하였다(2022년 11월

주요 만기 매칭형 채권 ETF

2023. 8. 7. 기준

종목명	상장일	시가총액 (억 원)	존속 기간	예상 YTM (연, %)
TIGER 23-12국공채액티브	2022. 12. 9.	2,155	2023년 12월	3.53
TIGER 24-04회사채(A+이상)액티브	2023. 3. 23.	3,284	2024년 4월	4.20
TIGER 24-10회사채(A+이상)액티브	2022. 11. 22.	5,956	2024년 10월	4.25
TIGER 25-10회사채(A+이상)액티브	2023. 3. 23.	3,599	2025년 10월	4.42
KBSTAR 23-11회사채(AA-이상)액티브	2022. 11. 22.	6,061	2023년 11월	3.94
KBSTAR 25-11회사채(AA-이상)액티브	2022. 11. 22.	1,042	2025년 11월	4.28
KODEX 23-12국고채액티브	2022. 11. 22.	2,510	2023년 12월	3.25
KODEX 23-12은행채(AA+이상)액티브	2022. 11. 22.	20,342	2023년 12월	3.62

출처: ETF CHECK, 각 사 홈페이지

말 8,400억 원 / 2023년 2월 말 2.7조 원). 앞 페이지에 다양한 만기의 만기 채권형 ETF를 소개했다. 존속 기간과 투자 대상이 국공채인지 회사채인지에 따라서 예상되는 YTM이 다르니, 자신에게 맞는 상품을 올바르게 파악하는 것이 중요하다.

파킹형 ETF - 금리가 상승할 때

파킹형 ETF는 시장이 불안정할 때 적절한 투자 기회를 찾기 전에 임시로 자금을 주차해 놓는, 즉 자금을 언제든 넣고 뺄 수 있는 ETF를 의미한다. 주요 국가의 정책으로 인해 고금리 기조가 유지되며 금리와 연계된 ETF가 이자 매력과 안정성으로 인해 주목받았다. 고금리 시대에는 금리 연계형 ETF가 방어적이면서도 꾸준한 수익을 창출할 수 있는 투자처가 되기 때문이다.

대표적인 금리 연계형 ETF에는 CD금리, KOFR, SOFR 등이 있다. 이러한 상품들은 일간 금리를 반영하여 매일 이자 수익이 쌓이며 만기가 하루인 초단기 거래로 무위험에 가깝다. 또한 실시간 기반으로 산출되어 조작 가능성이 낮다. 따라서 다음 그래프와 같이 수익률은 주식형 ETF에 비해 상대적으로 완만하나, 장기적으로 꾸준한 일별 수익을 기대할 수 있다. 단, 마이너스 금리 상황에서는 이자 수익이 발생하지 않는다.

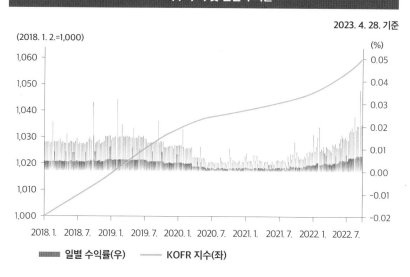

KOFR 지수 추이 및 일별 수익률

2023. 4. 28. 기준

(2018. 1. 2.=1,000)

출처: 한국예탁결제원

　　높은 안정성과 꾸준한 상승 곡선으로 인해 2022년과 같이 변동성이 높은 장세에서는 금리형 ETF에 상당한 양의 돈이 몰렸다. 실제 금리형 ETF가 국내 상장 ETF 중 순자산총액 규모 2위와 3위를 기록하기도 했다. 처음에는 파킹형 ETF는 수익이 크지 않아 주로 기관 투자자들이 투자했는데, 파킹형 ETF를 CMA나 예금통장 대비 높은 이자수익을 받을 수 있는 상품으로 활용하는 투자자들이 증가하면서 개인투자자들의 관심을 끌게 되었다.

　　국내에는 다양한 금리형 ETF가 상장되어 있으며, 각 ETF별로 추종 금리 수익률에 차이가 있으니 상황에 맞는 ETF를 선택해야 한다.

파킹형 ETF 시가총액 현황	
	2023. 3. 14. 종가 기준
ETF명	시가총액(억 원)
TIGER CD금리투자KIS(합성)	48,412
KODEX KOFR금리액티브(합성)	31,769
TIGER KOFR금리액티브(합성)	5,432
ARIRANG KOFR금리	100
HANARO KOFR금리액티브(합성)	100

출처: 한국거래소

장기채권 ETF - 금리가 하락할 때

2022년에 시중금리가 단기간에 급격히 상승하며 채권 가격이 크게 하락했다. 이후 시장에서는 이제 금리가 고점에 도달했고 앞으로 하락할 것이라는 판단한 투자자들이 증가하며 장기채권에 대한 수요가 몰렸다.

투자자들이 이런 선택을 한 이유는 금리가 하락하면 장기채권의 가격이 오르기 때문이다. 금리와 채권의 가격은 역의 관계를 가지고 있어 금리가 하락할 때 채권 가격이 상승하여 수익을 얻을 수 있다. 그중 장기채권은 금리 하락 시 추가적인 수익률을 확보할 수 있다.

장기채권은 왜 추가적인 수익률 확보가 가능할까? 정답을 알기 위해서는 듀레이션Duration의 개념을 파악해야 한다. 듀레이션이란 투자 원금을 회수하는 데 걸리는 평균 기간이다. 듀레이션이 길수록 금리 변화에 민감해 높은 변동성을 보이며 금리 하락기에 더욱 각광받게 된다. 즉 장기채권은 듀레이션이 길어 금리 하락 시 더 많은 수익률을 얻을 수 있다.

또한 장기채권은 금과 함께 대표적인 자산 배분의 수단으로도 활용할 수 있다. 장기채권은 대표적인 위험자산인 주식과 상관계수가 낮아 포트폴리오의 변동성을 줄이고 최대 손실폭을 낮춰 준다. 특히 경기침체 상황이 지속되는 경우 경기 부양을 위해 기준금리를 낮출 가능성이 높아지고, 이는 장기 금리 하락으로 이어질 수 있어 자산 배분 효과가 상승한다.

최근 국내에는 단순한 장기채권 ETF에서 나아가 스트립채권에 투자하는 ETF가 상장되었다. 스트립STRIPS: Separate Trading of Registered Interst

월간 수익률에 따른 자산별 상관관계	
2021. 12. 30.~ 2022. 12. 30. 기준	
구분	KOSPI와 상관계수
국고채30년	0.46
국고채10년	0.55
S&P500	0.84
나스닥100	0.78

출처: KIS자산평가, 블룸버그

and Principle of Securities이란 원금과 이자가 붙어 있는 채권을 분리해 각각 원금만 있는 채권(원금 스트립), 이자만 있는 채권(이자 스트립)으로 매매하는 것을 말한다.

예를 들어 30년 만기의 국고채는 6개월마다 이자가 나오는 이표채권이기 때문에 향후 6개월마다 이자가 나오고, 30년 후 만기가 되는 시점에 마지막 이자와 원금을 받게 된다. 그런데 30년 만기의 국고채를 스트립하면, 아래 그림과 같이 만기가 6개월 남은 이표채 1개, 만기가 1년 남은 이표채 1개 식으로 쪼개져 결국 61개의 개별 무이표채권이 생기게 된다.

즉 채권을 스트립하면 원금을 가진 채권은 원래 채권과 동일하고 이자 부분만 분리되어 이자 변동으로 생길 수 있는 변동은 줄일 수 있

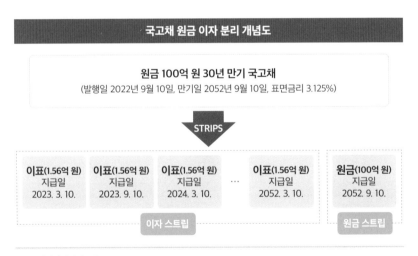

출처: 미래에셋자산운용

으며, 동일 만기 이표채 대비하여 더 긴 듀레이션을 가지게 되어 금리 하락 시 더 높은 수익을 기대할 수 있다.

2023년 8월 기준 국내에 상장된 스트립채권 ETF는 TIGER 국고채 30년스트립액티브와 TIGER 미국채30년스트립액티브(합성H)가 있다. 두 ETF는 30년 만기의 원금 스트립을 매수하기 때문에 30년에 가까운 듀레이션에 투자하는 효과를 얻을 수 있다.

03 자산 배분에 필요한 ETF
- 인컴형

인컴형 ETF - 배당주, 커버드콜, 리츠 등

'찬바람 불면 배당주'라는 말은 이제 옛말이 되었다. 해당 문구는 연말에 배당지급기준일이 몰려 있는 경우가 많아 국내 주식 특성상 겨울철에 배당주가 반짝 상승하는 경향을 일컫는 말이다. 그러나 최근 분기 배당, 월 배당 ETF 상품이 늘어나며, 특정 시기에만 배당을 생각하지 않게 되었다.

그러나 다른 의미로 증시에 찬바람이 불며 '인컴형 자산'에 대한 시장의 관심은 날로 높아지고 있다. 인컴형 자산은 매매차익 외에 이자,

배당, 임대료 등 안정적인 소득, 즉 현금흐름을 제공하는 금융 자산을 의미하는데 배당주, 우선주, 리츠, 인프라 등이 이에 해당한다.

인컴형 자산의 수익은 2가지이다. 하나는 이자, 배당 등 현금흐름 즉 인컴 수익이고, 또 다른 하나는 자산 가격의 변동으로 인한 자본 손익이다. 그중 인컴 수익은 자본 손익에 비해 예측이 상대적으로 쉬우며, 보유만으로도 수익이 발생한다는 매력이 있어 중·장기 투자자에게 적합하다. 그중 배당은 전통적인 인컴 수익으로 배당 ETF를 통해 안정적인 현금흐름을 만들어 낼 수 있다.

인컴형 ETF에 대해 자세히 알아보기에 앞서 먼저 전통적인 인컴 수익인 배당에 대한 기본 개념을 짚어 보자. ETF에서 지급하는 배당

출처: 미래에셋자산운용

- ETF 내에 쌓인 일정 수준의 현금을 ETF 투자자에게 돌려주는것
- 주식의 배당 + 채권의 이자 + 부동산리츠의 임대료 등을 통한 이익

출처: 미래에셋자산운용

금은 '분배금'이라고 칭해진다. 배당금과 혼용되는 경우가 많으나, 주식은 배당금, 그리고 ETF는 분배금이 명확한 표현이다. 명칭은 다르지만 개념은 주식의 배당금과 비슷하다고도 볼 수 있다.

ETF도 해당 기업 주식을 기초자산으로 보유하고 있다면 배당금을 받을 권리가 생긴다. 이때 ETF는 기업과 투자자 사이의 중개인이라고도 볼 수 있다. 배당금과 마찬가지로 ETF의 분배금도 '지급 기준일'과 실제 분배금을 지급받는 일자가 별도로 지정되어 있다. 이와 같은 내용들은 분배금 지급 기준일 이전에 거래소를 통해 공시된다.

앞서 말한 바와 같이 증시 불안과 경기 둔화 우려가 커짐에 따라 인컴 ETF에 대한 인기는 더욱 높아지고 있다. 이는 고위험 고수익보다는 안정적인 수익과 현금흐름을 추구하는 투자자가 많아졌음을 의미한다. 대응하기 어려운 변동성 장세와 100세 시대를 준비해야 하는 만큼 인컴 투자는 단기간의 열풍이 아닌 투자에서 하나의 축이 될 것으로 예상된다.

실제 2023년 4월 6일 기준 미국 상장 인컴 ETF에 약 2,373조 원의 자금이 모여 있다. 이는 미국 전체 ETF 시장의 27%에 달하는 큰 금액으로 한국을 포함한 글로벌 투자자들의 인컴형 자산 투자 선호를 확인할 수 있다.

국내에서도 앞서 살펴본 리츠 ETF, 국내외 배당성장주 ETF 등 다양한 종류의 인컴 ETF가 나오고 있다. 커버드콜 전략을 구현한 '커버드콜 ETF'도 인컴 투자의 대표 상품이다.

커버드콜 전략은 기초자산을 매수하는 동시에 해당 기초자산의 콜옵션을 매도하는 구조를 가진 파생 합성 전략이다. 콜옵션은 미래의

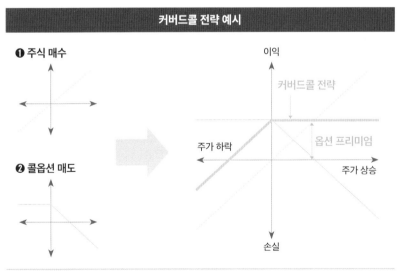

출처: 미래에셋자산운용

특정시점에 특정가격으로 기초자산을 매수할 수 있는 권리로, 옵션 매수자는 옵션 매도자에게 프리미엄을 지불하고 해당 권리를 갖게 된다. 커버드콜 전략은 콜옵션을 매도하기 때문에 매월 옵션 만기일에 프리미엄을 받을 수 있어 월 분배에 적합하다.

이러한 커버드콜 ETF의 주요 분배 재원은 옵션 프리미엄이다. 시장의 변동성이 확대될 때에는 옵션 프리미엄 금액이 일반적으로 상승해 꾸준한 분배금 지급을 기대해 볼 수 있다. 또한 일반적으로 커버드콜 ETF는 박스권 장세일 때 유리하다. 지수의 변동폭이 작을 경우 상승 시에는 일반 ETF보다 높은 수익을, 하락 시에는 적은 손실을 볼 수 있다. 그러나 반대로 시장 상승기에는 수익이 제한된다. 이러한 제한폭을 원하지 않는 투자자는 주식형 ETF를 선택하면 된다.

분배금을 지급하는 ETF에 대한 관심이 급격하게 늘어나며, 국내에도 월 분배 ETF들이 빠르게 상장되었다. 신규 월 분배 ETF의 상장뿐 아니라 기존 ETF들도 운용 전략을 월 분배금 지급 형태로 바꾼 결과 2023년 4월 기준 국내 시장에 상장된 월 분배 ETF는 23개에 달한다.

월 분배금은 다양하게 활용될 수 있다. ETF에 재투자하거나 다른 금융 상품에 투자할 수도 있고, 연금처럼 수령해서 생활비로도 사용할 수 있으며, 부모님이나 자녀에게 용돈을 줄 수도 있다. 즉 제 2의 월급인 셈이다. 또한 분배금은 시장 변동성이 확대될 때 가격 하락분을 일정 부분 상쇄시켜 주는 효과가 있으며, 재투자 재원으로 활용하여 복리 효과를 높일 수 있다.

해외 상장 주요 월 분배 ETF

2023. 8. 7. 기준

티커	ETF명	시가총액(억 달러)	총 보수(연, %)
JEPI	JPMorgan Equity Premium Income ETF	288.61	0.35
QYLD	Global X SuperDividend ETF	82.02	0.6
TLT	iShares 20 Plus Year Treasury Bond ETF	407.93	0.15
DIA	SPDR Dow Jones Industrial Average ETF	307.65	0.16
SCHD	Schwab US Dividend Equity ETF	466.43	0.06

출처: ETF CHECK

국내 상장 주요 월 분배 ETF

2023. 8. 7. 기준

ETF명	시가총액(억 원)	총 보수(연, %)
TIGER 리츠부동산인프라	2,832	0.29
TIGER 미국MSCI리츠(합성H)	1,320	0.24
TIGER 미국다우존스30	820	0.35
TIGER 미국나스닥100커버드콜(합성)	1,107	0.37
TIGER 미국배당다우존스	2,934	0.01
TIGER 미국배당+7%프리미엄액티브	523	0.39
SOL 미국배당다우존스(H)	597	0.05
KODEX 미국배당프리미엄액티브	418	0.43
KODEX 다우존스미국리츠(H)	155	0.09
KBSTAR 중기우량회사채	612	0.07

출처: ETF CHECK

04 자산 배분에 필요한 ETF
- 통화

'환테크'라는 말을 들어보았는가? 환테크는 '환율'과 '재테크'를 합친 말로 환율의 변동을 이용하여 차익을 노리는 재테크 방식을 의미한다. 환율은 변동성이 높아 이를 활용하여 수익을 낼 수 있다. 환율이 상승할 것으로 예상되는 통화currency를 매수하고 환율이 하락할 것으로 예상되는 통화를 매도하여 수익을 추구하는 것이다. 예를 들어 달러가 저평가되어 있다고 판단 시 달러 매수 포지션을 취하고, 향후 달러 가치 상승 시 매도하여 수익을 낸다.

물론 외환 시장의 높은 변동성으로 인해 환 투자는 불확실성이 높다. 하지만 외화 자산은 일반적으로 주식, 채권, 부동산 등의 자산과 상관관계가 적고 국내 자산들과도 다른 특성을 가져 포트폴리오의 다양성을 높여 준다.

세계 주요국의 통화로는 미국 달러를 필두로 일본의 엔화, 유로화, 파운드화로 대표된다. 대부분의 국가에서 기축통화인 달러를 사용하고 있어 달러는 외화 투자를 대표한다고 할 수 있다.

달러에 투자하는 이유는 환율 변동에 따른 환차익뿐 아니라 앞서 미국 투자에서 살펴본 것과 같이 위기 상황에서 매력도가 증가하기 때문이다. 실제 원-달러 환율은 역사적으로 코스피 지수와 음의 상관관계를 보여 달러 자산은 국내 증시 하락을 방어할 수 있는 유용한 수단으로도 평가된다. 특히 코스피 지수가 가파르게 하락할수록 원화 대

출처: 블룸버그

비 달러의 가치는 가파르게 상승하는 경향이 있다. 즉 달러 투자는 환차익뿐 아니라 위기 상황에서도 높은 투자 효용성을 기대할 수 있다.

달러에 투자할 수 있는 방법은 다음과 같이 다양하다.

첫째, 외화 예금이다. 외화 예금은 은행 예금에 원화가 아닌 달러를 넣어 두는 상품으로 이른바 달러 통장으로도 불린다. 금리는 낮지만 예금자 보호가 되며 세금을 떼지 않는다는 장점이 있다.

둘째, 달러 RP이다. RP는 환매조건부채권을 의미하는데, 달러로 표시된 국공채, 우량 회사채에 투자한 후 수익이 나면 돌려주는 방식으로 증권사가 파는 채권이다.

셋째, 달러 ETF 투자이다. ETF 투자는 예치의 성격이 강한 외화 예금과 달러 RP에 비해 상대적으로 적극적인 투자 방법이라고 할 수 있다. 외화에 직접 투자하는 것이 부담되는 투자자라면 ETF의 장점을 주목해 볼 만하다.

원자재와 통화는 선물과 같은 파생 상품을 기초로 하는 경우가 많은데 상대적으로 파생 상품은 최소 투자금액 단위가 크며, 손실 가능

달러 ETF 투자의 장점		
실시간 매매 가능해 시장 상황에 빠르게 대응 가능	ETF는 만기가 존재하지 않아 롤오버 불편함 없음	예금이나 RP 대비 높은 수익률 추구

출처: 미래에셋자산운용

글로벌 ETF

성 역시 작지 않다. 그러나 선물지수를 추종하는 통화 ETF를 활용할 경우 주식처럼 소액으로 투자할 수 있고, 실시간 매매 역시 가능하며, 달러 외에 엔화·유로화 등 상대적으로 다양한 종류의 외화에도 투자할 수 있다.

그 밖에도 지수를 2배 추종하는 레버리지, 시장이 하락하면 수익이 나는 인버스 등 다양한 상품이 상장되어 있어 이러한 상품들을 활용하여 시장 상황에 맞는 외화 투자를 모색할 수 있다. 달러 투자 효과를 누리면서 채권 이자도 추가로 수취할 수 있는 단기달러채권 ETF 등도 있다.

국내 상장 주요 달러 ETF

2023. 8. 7. 기준

ETF명	시가총액(억 원)	총 보수(연, %)
TIGER 미국달러단기채권액티브	4,164	0.30
TIGER 미국달러선물레버리지	76	0.05
TIGER 미국달러선물인버스2X	204	0.05
KODEX 미국달러선물	1,094	0.25
KODEX 미국달러선물인버스	348	0.45
KOSEF 미국달러선물	351	0.37

출처: 데이터가이드

6장

나만의
포트폴리오 만들기

01 직접 ETF를 구성하여 리스크를 분산시킨다

금융 시장의 빠른 변화와 정보 기술의 발달, 그리고 특히 ETF(상장지수펀드)의 발전으로 인해 개인 투자자들이 자신만의 포트폴리오를 구축하고 스스로 리스크를 관리할 수 있는 시대가 되었다. ETF의 발전 덕분에 개인 투자자들이 다양한 자산군에 더 쉽게 투자할 수 있게 된 것이다. 이는 개인이 스스로 전문 펀드매니저와 같은 훌륭한 투자 성과를 거두는 데 큰 도움을 줄 수 있다.

그동안 대부분의 개인 투자자는 주식 위주의 투자 포트폴리오를 구성했다. 하지만 글로벌 경제의 불확실성과 금융 시장의 변동성에 대응하기 위해서는 다양한 자산을 골고루 포함한 포트폴리오를 구축하는 것이 중요하다. 이를 통해 투자자는 리스크를 분산시키고 자산별 상관관계를 고려해 안정적인 수익률을 추구할 수 있다.

ETF의 등장과 발전 덕분에 개인 투자자들이 시대의 흐름에 맞춰 자신만의 포트폴리오를 구축하고 관리할 수 있는 환경이 조성되었다. 이러한 변화를 바탕으로 개인 투자자들은 다양한 정보를 참고하여 영구 포트폴리오, 올웨더 포트폴리오, 코어-위성 포트폴리오 등 전문 펀드매니저들이 사용하는 다양한 전략을 습득할 수 있다. 이를 통해 투자자들은 자신만의 투자 전략을 세우고, 전문가 수준의 투자 성과를 달성할 수 있다.

이는 투자자들이 자신의 금융 자산에 대한 목표를 달성하는 데 한 발짝 더 가까워질 수 있게 되었음을 의미한다. 이제 나만의 포트폴리오를 만들고 관리하는 과정에서, 누구나 펀드매니저가 될 수 있는 시대가 도래한 것이다. 이 장에서는 포트폴리오를 관리할 때 참고할 만한 전략과 ETF를 살펴보도록 하겠다.

02 시장 변화에 영향 받지 않는 영구 포트폴리오 전략

최적의 포트폴리오를 만들어 놓고, 그 후에는 별다른 관리나 걱정 없이도 안정적으로 성장하는 자산을 가지고 싶다는 꿈을 가진 적이 있는가? 이처럼 많은 투자자가 시간과 에너지를 들이지 않고도 장기적인 성과를 얻을 수 있는 이상적인 포트폴리오를 찾아 헤매곤 한다. 물론 그런 완벽한 포트폴리오는 존재할 수 없다. 다만 오랜 기간 검증되어, 이러한 바람을 이루는 데 도움이 될 수 있는 포트폴리오는 있다. 바로 영구 포트폴리오이다.

영구 포트폴리오는 해리 브라운Harry Browne이 개발한 투자 전략으로 안정적인 수익과 낮은 변동성을 추구한다. 해리 브라운은 미국의 작가이자 투자 전문가로, 그의 저서인 『Fail-Safe Investing』에서 이 전략을 소개했다. 영구 포트폴리오는 극단적인 시장 상황에도 대처할 수 있도록 다양한 자산에 투자하며, 투자자의 자산을 안전하게 보호하는 것을 목표로 한다.

영구 포트폴리오 전략은 각 자산군의 상관관계가 낮다는 점에 기반한다. 자산 간 상관관계가 낮을수록 포트폴리오 전체의 변동성이 줄어들고 안정적인 수익률을 달성할 가능성이 높아지기 때문이다. 영구 포트폴리오는 시장의 불확실성과 위험에 대응하기 위해 다양한 자산에 투자하고, 시장 상황에 따라 조정하지 않는 기계적인 투자 방식을 취한다. 다시 말해 영구 포트폴리오 전략에서는 다음과 같은 자산

해리 브라운의 영구 포트폴리오

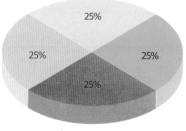

단기 국채 혹은 현금(Cash)
높은 유동성과 자산 보호

금(Gold)
인플레이션과 시장
위기에 대한 보호

주식(Stocks)
경제 성장과 주식
시장의 상승을 활용

장기 국채(Longterm Bonds)
안정적인 수익과 낮은 변동성을 추구

출처: 미래에셋자산운용

에 동일한 비율로 투자한다.

이러한 자산 배분은 시장 상황에 따라 자주 조정하지 않아도 된다. 이를 통해 투자자는 시장 변동성에 크게 영향을 받지 않으면서 장기적인 성과를 추구할 수 있다. 실제로 영구 포트폴리오 전략을 따르고 싶은 투자자들은 다음과 같은 ETF를 활용해 해당 전략을 구현할 수 있다.

- **주식(25%)**: S&P500 ETF(예: SPY, TIGER 미국S&P500)
- **장기 국채(25%)**: 미국 장기국채 ETF(예: TLT, VGLT)
- **단기 국채 혹은 현금(25%)**: 미국 단기국채 ETF(예: SHY, TIGER 미국달러단기채 권액티브)
- **금(25%)**: 금 ETF(예: GLD, IAU, TIGER 골드선물(H))

영구 포트폴리오 전략은 안정적인 수익과 낮은 변동성을 원하는 투자자들에게 매력적이다. 이 전략은 특히 불확실한 시장 상황에서 장기적인 성과를 추구하며, 개별 자산의 가격 변동에 크게 영향받지 않을 수 있다. 또한 영구 포트폴리오는 투자자가 시장 상황에 따라 자주 조정할 필요가 없어 시간과 노력을 절약할 수 있다.

하지만 영구 포트폴리오 전략에도 단점이 있다. 일부 전문가들은 해당 전략이 지나치게 보수적이기 때문에 이로 인한 기회비용이 발생할 수 있다고 주장한다. 그럼에도 불구하고 영구 포트폴리오는 안정적인 수익과 낮은 변동성을 원하는 투자자들에게 인기 있는 전략 중 하나임에는 틀림없다. 역사적으로 현금을 제외한 3개의 자산군이 동시에 하락한 경우가 굉장히 드물기 때문이다.

03 어떤 상황에서도 걱정 없는 올웨더 포트폴리오 전략

올웨더 포트폴리오 전략은 이름처럼 모든 경제 상황에서 안정적인 수익률을 추구하는 것을 목표로 한다. 해당 전략은 세계 최대 헤지펀드 브리지워터 어소시에이츠의 창립자이자 세계적인 투자자로 알려진 레이 달리오Ray Dalio가 직접 고안해 낸 전략이다.

올웨더 포트폴리오는 4분면 경제 모델에 기반한다. 경제 4분면 모델은 미래 경제의 불확실성을 다루기 위해 기대치 대비 경제성장률과 인플레이션을 기준으로 경제 환경을 4가지 상태로 구분한다. 각 경제 상황에 적합한 자산군을 파악하고 분산 투자함으로써 안정적인 수익을 내는 것이 올웨더 포트폴리오의 핵심이다.

올웨더 포트폴리오 전략	
경제	물가
경제 성장 주식 원자재 회사채 신흥국채권	**인플레이션** 물가연동채권 원자재 신흥국채권 부동산
경기 둔화 채권 물가연동채권	**디플레이션** 주식 채권 현금

시장기대치

각 사분면에서의 위험을 25%로 유지

출처: Bridgewater.com

표에서 볼 수 있듯이 시장기대치보다 경제가 성장할 때는 주식, 원자재, 회사채와 신흥국 채권이 좋은 성과를 보인다. 반면 경기 둔화 시에는 채권, 물가연동채권과 같은 자산이 효과적이다.

또한 물가 상승 시에는 물가연동채권, 원자재, 신흥국채권, 부동산 등의 자산이 좋은 성과를 보이고, 물가 하락 시에는 주식과 채권, 그리고 현금이 다른 자산군 대비 좋은 결과를 보인다.

올웨더 포트폴리오 전략은 영구 포트폴리오와는 달리, 단순히 자산별로 25%씩 균등하게 배분하는 방식이 아니라 경제 4분면에 따라 위험의 크기를 동일하게 유지하면서 자산을 배분하는 전략을 사용함으로써 시장의 불확실성에 대처하며 안정적인 수익을 추구할 수 있다. 즉 자산별로 다른 위험의 크기를 측정하여, 그 위험의 크기를 동일하게 배분하여 투자하는 것이다.

이제 실제 올웨더 포트폴리오의 원칙과 구성도 살펴보도록 하자. 올웨더 포트폴리오의 원칙은 다음 3가지로 앞에서 설명한 자산 배분 탄생 배경의 연장선상에 놓여 있다.

① 다양한 경제 환경에서 성과를 발휘할 수 있는 자산들을 균형 있게 포함한다.
② 위험에 대해 최적화된 자산 배분 전략을 통해 안정적인 수익을 추구한다.
③ 시장 상황에 따라 전략을 유연하게 조절하며, 장기적인 관점을 유지한다.

올웨더 포트폴리오의 전형적인 구성은 아래 표와 같다.

올웨더 포트폴리오 전략 비중		
자산군	비중	종목 유형
주식	30%	대형 성장주와 가치주
장기 국채	40%	미국 정부 국채와 같은 장기 국채
중기 국채	15%	미국 정부 국채와 같은 중기 국채
금	7.5%	금 관련 ETF
상품	7.5%	원자재 관련 ETF

출처: Bridgewater.com, 미래에셋자산운용

표에서 볼 수 있듯이 해당 전략에서 주식은 대형 성장주와 가치주 위주로 약 30%를 차지한다. 국채는 장기 40%, 중기 15%로 55%를 차지하며, 마지막으로 금과 상품에 7.5%씩 투자한다. 이때 상품은 구리, 원유 등 각종 원자재를 의미한다.

각 자산별로 대표적인 ETF를 사용하여 올웨더 포트폴리오를 구성하는 법을 살펴보자.

- **주식(30%):** S&P 500 ETF(예: SPY, TIGER 미국S&P500) 또는 Total Stock Market ETF(예: VTI)
- **장기 국채(40%):** 미국 장기채권 ETF(예: TLT)
- **중기 국채(15%):** 미국 중기채권 ETF(예: IEF, TIGER 미국채10년선물)
- **금(7.5%):** 금 ETF(예: GLD, IAU, TIGER 골드선물(H))
- **상품(7.5%):** 원자재 ETF(예: DBC, TIGER 금속선물(H), TIGER 구리실물 등)

올웨더 포트폴리오를 구성할 때는 위에서 제안한 ETF 비중에 맞춰 투자하면 된다. 하지만 개인이 ETF로 포트폴리오를 구축할 때 가장 큰 장점은 개인의 성향, 상황에 맞춰 커스터마이즈가 가능하다는 것이다. 다시 말해 개인의 투자 목표, 시장 전망, 리스크 허용도 등에 따라 비중을 조절할 수 있다. 해당 전략을 참고하여 마음 편하면서도 본인에게 꼭 맞는 포트폴리오를 만들어 보자.

04 다양성을 추구하는 코어-위성 포트폴리오 전략

코어 포트폴리오에 추가 상승 궤도를 그리다

코어-위성 포트폴리오Core-Satellite Portfolio 전략은 위성 포트폴리오 Satellite Portfolio를 통해 코어 포트폴리오Core Portfolio를 보완하는 투자 전략으로, 주로 추가적인 수익과 다양성을 추구하기 위해 사용된다. 이러한 전략은 '코어-위성' 접근법의 일부로 투자자의 전체 포트폴리오를 코어와 위성 2가지 구성 요소로 나눈다.

먼저 코어 포트폴리오는 포트폴리오의 기반을 형성하며, 일반적으로 전체 투자 자산에서 큰 비중을 차지한다. 코어 포트폴리오는 안정

출처: HSBC

적이고 장기적인 성장을 추구하는 자산으로 구성되며, 주로 시장 대표 지수 또는 국채와 같은 안전한 채권으로 구성된다. 코어 포트폴리오의 목적은 시장 전체의 성장을 따라가 투자자가 시장과의 연계성을 유지할 수 있도록 하는 것이다. 대표적으로 코어 포트폴리오에서 활용되는 지수로는 S&P500, MSCI World Index 등이 있다.

위성 포트폴리오는 코어 포트폴리오를 보완하는 목적으로 사용되며, 전체 투자 자산 중 상대적으로 작은 비중을 차지한다. 위성 포트폴리오는 추가적인 수익을 추구하고 전체 포트폴리오의 다양성을 높이기 위해 개별 주식, 섹터 펀드, 신흥 시장, 고위험 채권, 금, 부동산 등 다양한 투자 옵션을 포함할 수 있다. 투자자들은 위성 포트폴리오를 통해 개별 투자자의 관심 분야, 전문 지식, 또는 고위험/고수익 투자에 대한 노출을 높일 수 있다. 단, 시장 대표 지수에 비해 상대적으로 변동성이 높은 만큼 정확한 분석을 바탕으로 집중 투자할 테마를 선택해야 한다.

정리하자면 코어-위성 전략의 핵심은 코어 포트폴리오를 통해 시장 전체의 성장을 추구하면서 위성 포트폴리오를 통해 개별 투자자의 관심 분야와 전문 지식을 활용하여 추가적인 수익을 추구하는 것이다. 이를 통해 투자자는 안정적인 성장을 기반으로 하면서도 자신만의 투자 전략과 특정 투자 기회를 활용하여 추가적인 수익을 추구할 수 있다.

또한 코어-위성 전략은 투자자들이 자신의 투자 목표와 리스크에 맞는 포트폴리오 구성을 세밀하게 조절할 수 있게 해 주며, 시장 변동성에 대처하는 데 도움이 될 수 있다. 이를 위해 투자자들은 코어와 위성 포트폴리오의 비중을 조절할 수 있는데, 예를 들어 9:1, 7:3과 같은 비율로 나눌 수 있다. 이러한 비율 조절은 투자자의 개별적인 목표, 위험 허용도 및 투자 기간에 따라 달라질 수 있다.

코어-위성 전략을 사용하려는 투자자들은 다음과 같은 고려 사항을 염두에 두어야 한다.

① 코어-위성 전략은 개별 위성 포트폴리오의 크기와 위험 수준에 따라 적절한

비중을 설정해 전체 포트폴리오의 위험과 수익률을 균형 있게 유지한다.

② 다양한 위성 포트폴리오 옵션을 고려하되 관리가 어려워지지 않도록 적절한 균형을 찾아야 한다.

③ 주기적으로 위성 포트폴리오를 검토하고 재조정하여 시장 상황 변화에 대응하고 적절한 수준의 위험과 수익률을 유지한다.

결론적으로 코어-위성 전략은 투자자들에게 안정적인 성장을 추구하는 코어 포트폴리오와 독특한 투자 기회를 활용하여 수익률을 극대화할 수 있는 위성 포트폴리오를 결합한 효과적인 투자 방법이다. 이 전략을 사용하여 투자자들은 시장의 변동성에 대처하고, 자신만의 투자 전략을 구현하여 장기적인 성장과 추가적인 수익을 추구할 수 있다. ETF는 비용 효율적이며 다양한 자산에 쉽게 투자할 수 있는 투자 도구로 코어-위성 전략 활용에 용이하다.

다음 장에서는 코어-위성 포트폴리오를 성공적으로 구축하는 데 참고할 만한 산업 및 전략을 간단히 살펴볼 예정이다. 앞서 살펴본 ETF와 같이 참고한다면 전문가 수준의 포트폴리오를 구축하고 관리하는 데 필요한 지식과 기술을 갖추는 데 도움이 될 것이다.

위성 포트폴리오로 활용 가능한 ETF

위성 포트폴리오는 앞서 말한 것과 같이 시장대표지수에 비해 초과 수익을 내는 것이 목표이다. 따라서 앞서 국가별 테마에서 살펴본 전기차, 반도체 등의 혁신 테마를 위성 포트폴리오에 활용하는 것도 좋은 방법이다. 추가적으로 이전에서 언급하지 않았던 사이버 보안 테마의 중요성에 대해서도 잠시 살펴보도록 하자.

매 초마다 사이버 테러로 인해 약 19만 달러, 한화로 2억 원이 넘는 규모의 피해가 발생하고 있다. 이를 하루로 환산하면 20조 원을 뛰어넘으며, 연간으로는 7,300조 원을 뛰어넘는다. 2021년 발생했던 미국 최대 송유관회사 콜로니얼 파이프라인Colonial Pipeline의 가스 공급 중단 사태부터 북한이 범인으로 추정되는 한국원자력연구원 해킹 사건, 러시아-우크라이나의 사이버전까지 점점 거대한 규모로 다양한 방법을

사이버 범죄 피해 규모 및 사례

· 연간 6조 달러
· 월간 5,000억 달러
· 주간 1,154억 달러
· 일간 164억 달러

· 시간당 6.8억 달러
· 분당 1,140만 달러
· 초당 19만 달러

출처: 삼성증권, Cybersecurity ventures

시기	공격 대상		공격 주체	피해 내용
2021년 7월	미국	카세야(Kaseya) - IT 관리 솔루션 제공 기업	레빌(Revil) - 러시아와 연결된 랜섬웨어 갱단	7,000만 달러 상당의 비트코인을 요구함
2021년 7월	한국	한국원자력연구원	북한으로 추정	VPN 취약점으로 12일 동안 해킹당함
2021년 7월	전 세계	50개국의 정치인과 공직자, 언론인, 인권운동가, 기업인 등 민간인	페가수스 - 이스라엘 NSO 그룹이 개발한 스파이웨어	1,000여 명의 민간인을 사찰하는 데 사용함
2021년 8월	미국	T-Mobile	터키에 사는 미국인 남성	5,400만 명의 고객 정보가 유출됨
2021년 10월	대만	Gigabyte	아보스락커(AvosLocker) - 랜섬웨어 갱단	랜섬웨어 공격, 구체적인 내용은 밝혀지지 않음
2021년 11월	한국	아파트 월패드	—	총 704세대
2021년 12월	미국	국무부 직원	페가수스 - 이스라엘 NSO 그룹이 개발한 스파이웨어	최소 9명의 국무부 직원이 해킹당함
2021년 12월 ~2022년 3월	글로벌	브라질 보건부, 마이크로소프트, 엔비디아, 옥타 등	랩서스(Lapsus$) - 남미를 기반으로 한 국제 해커 조직	주로 기업의 중요 데이터가 대량으로 유출됨. 외부에 공개한다고 협박하며 다양한 대가를 요구함
2022년 1월~ 2022년 5월	우크라이나 러시아	국방부, 주요 기업(은행 등)	러시아 우크라이나	전쟁에서 군사전과 병행해 사이버전을 지속함
2022년 2월	미국	익스피다이터스 (Expeditors) - 글로벌 물류회사	—	3주 동안 운영 중단됨. 복구하는 데 한 달 이상 소요됨. 체선료 증가분 4,000만 달러(약 480억 원), 조사 및 복구 비용 2,000만 달러(약 240억 원) 등의 대규모 손실이 발생함

2022년 3월	일본	도요타 협력사 고지마 프레스공업	판도라(Pandora) - 랜섬웨어 갱단	3월 1일 하루 동안 일본 내 도요타 14개 공장 생산 전면 중단됨. 15만 7,000건 이상의 도면 등 1.4TB 데이터가 유출됨
2022년 5월	글로벌	우크라이나 지원 국가	킬넷(KillNet) - 친러시아 해커 그룹	디도스 공격. 별다른 피해는 발생하지 않음
2022년 9월	호주	옵터스(Optus) - 통신사	—	고객 980만 명의 개인정보가 유출됨
2022년 10월	호주	메디뱅크(MedibanK) - 건강보험회사	—	정보 유출 고객 970만 명. 해커 집단은 고객 정보를 공개하겠다고 위협함
2022년 11월	바누아투	국가 전역	아직 밝혀지지 않음	정부, 학교, 병원 등 주요 시설 인터넷망 접속 약 2주째 접속 제한됨

출처: 삼성증권, Cybersecurity ventures

통해 사이버 테러가 기승을 부리고 있다.

2022년 10월 카카오 데이터센터 화재로 인해 사이버 보안이 무너지면 어떤 일이 벌어지는지 그 심각성을 직접적으로 체감할 수 있었다. 물론 직접적인 사이버 테러로 발생한 문제는 아니었지만 간접적으로 사이버 테러 시 발생할 수 있는 상황을 경험해 볼 수 있었다. 당시 카카오 데이터센터 화재로 인하여 카카오의 다양한 서비스가 마비되면서 우리들의 일상생활에 큰 타격을 주었다. 메신저인 카카오톡의 마비로 인한 커뮤니케이션 문제는 물론 은행이나 택시와 같은 금융/

2020년, 2021년 국가별 해킹 피해 평균 금액

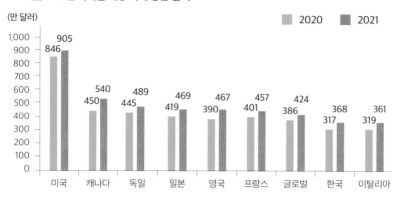

랜섬웨어 공격에 따른 연간 피해 규모

출처: 삼성증권, Cybersecurity ventures

모빌리티 서비스도 마비되며 다양한 피해 상황을 야기했다.

이러한 '마비 사태'와 같은 사건이 어쩌다 한 번 일어나고 말까? 단순히 카카오가 운이 없어서였을까? 그렇지 않다. 앞으로는 더욱더 다양한 방법으로 이러한 위기가 찾아올 것이다. 연간 해킹/랜섬웨어의 피해 규모는 기하급수적으로 성장하고 있다. 2015년에는 3.25억 달러에 달했던 랜섬웨어 피해 규모가 2021년에는 200억 달러, 2031년에는 무려 2,650억 달러까지 커질 것으로 예상된다. 다양한 사이버 테러 방식 중 일부인 랜섬웨어만 따져도 이렇게나 거대한 규모인 것이다.

하루에도 수억 건의 정보와 수천조 원이 거래되는 디지털 세상에서 내 자산과 정보는 과연 안전하게 보호받고 있을까? 이제는 일상이 되어버린 디지털과 함께하는 삶에서 사이버 보안에 대한 투자는 더 이상 선택이 아닌 필수이다. 더욱이 디지털 전환으로의 가속화DX는

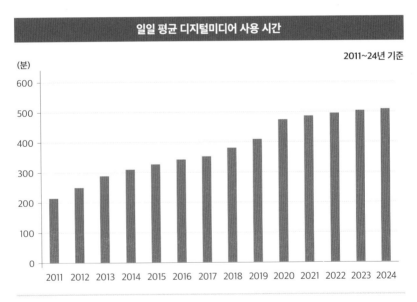

일일 평균 디지털미디어 사용 시간

2011~24년 기준

출처: Statista

글로벌 ETF

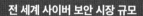

전 세계 사이버 보안 시장 규모

(십억 달러)   2011~24년 기준

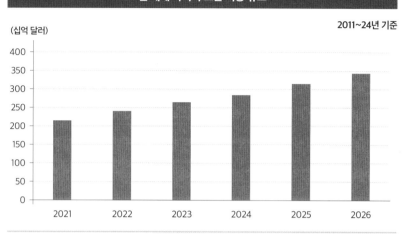

출처: Statista

사이버 보안 ETF 비교

2023. 7. 31. 기준

	TIGER 글로벌 사이버 보안	BUG	CIBR	HACK
총 보수	0.49%	0.51%	0.60%	0.60%
상장일	2022. 2. 22.	2019. 10. 25.	2015. 7. 7.	2014. 11. 11.
시가총액	98억 원	6.9억 달러	51.1억 달러	14.6억 달러
구성 종목 수	25개	24개	36개	57개
TOP 10 비중	62.29%	58.51%	48.08%	45.84%

출처: ETF CHECK

이러한 흐름에 더욱더 박차를 가하고 있다. 정부는 물론 빅테크들 역시 이러한 흐름에 발맞추어 사이버 보안에 대한 투자 규모를 신속하게 키워 나가고 있다.

훌륭한 투자처를 찾고 있는 투자자라면 이처럼 명확하게 시장 규모가 커져 가면서 정부와 빅테크의 거대자금이 쏠리는 사이버 보안 시장, 즉 빠르게 성장하는 산업에 관심을 가지게 될 것이다. 사이버 보안 시장에 투자할 수 있는 ETF는 앞 페이지의 표에서 확인할 수 있다.

TDF/TIF 펀드 - 안정적인 수익 창출을 위한 자산 배분 전략

TDF펀드

앞서 다양한 포트폴리오를 구성하는 방법에 대해 살펴봤다면, 이번에는 상품 내에서 자산배분이 이미 완성되어 있는 TDF와 TIF를 소개하고자 한다. TDF펀드는 Target Date Fund의 약자로 은퇴 시점에 맞춰 자산을 운용해 주는 펀드이다. 다시 말해 TDF 펀드는 은퇴 시기가 다가옴에 따라 점진적으로 주식 비중은 줄이고 채권자산은 늘림으로써 위험을 줄여 안정적으로 투자자의 은퇴 목표에 맞게 자산을 관리하는 글라이딩 패스 방식으로 운용된다.

다음 표는 TDF ETF의 예시이다. TDF 뒤에 붙은 숫자는 '빈티지'로 은퇴 시점을 의미한다. 즉 2030년경 은퇴가 예상되는 사람은

	KODEX TDF2030액티브	KODEX TDF2040액티브	ARIRANG TDF2050액티브	ARIRANG TDF2060액티브
TDF ETF 예시				
				2023. 7. 31. 기준
총 보수(연, %)	0.20	0.25	0.18	0.20
상장일	2022. 6. 30.			
시가총액(억 원)	98	56	20	23

출처: ETF CHECK

TDF2030상품에, 2060년경 은퇴가 예상되는 사람은 TDF2060 상품에 투자하면 해당 ETF가 은퇴 시점에 맞춰 자산을 운용해 준다. 은퇴 시점이 가까울수록 보다 안정적으로, 멀수록 보다 적극적으로 운용하는 경향이 있다.

TIF펀드

TIF펀드는 TDF펀드만큼 대표적이고 유명한 전략이다. TIF펀드는 Target Income Fund의 약자로 일정한 수익을 꾸준히 창출하는 데 초점을 맞춰 자산을 운용하는 펀드이다.

TIF 전략은 하이브리드 형식의 인컴형 자산 배분을 통해 자본 수익과 인컴 수익을 동시에 추구한다. 배당, 임대료, 이자와 같은 인컴 수익은 상대적으로 예측이 쉽고 변동성이 낮은 반면, 자본 손익은 예측이 어렵고 변동성이 높은 특성을 보인다. TIF 전략의 가장 큰 특징은

자본 손익 vs 인컴 수익		
구분	자본 손익(Capital Gain/Loss)	인컴 수익(Income Gain)
예측 가능성	예측이 어렵다.	상대적으로 예측이 쉽다.
변동성	변동성이 상대적으로 높다.	변동성이 낮다.
손실 가능성	손실이 발생할 수 있다.	인컴은 손실 개념이 없다.
현금흐름 기준	매매를 통해 현금흐름 확정	매매 없이 지급일에 현금 지급

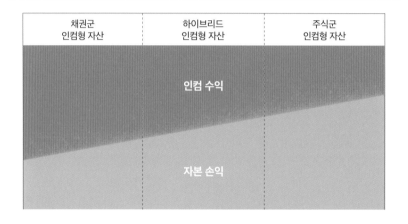

자산군별 인컴 수익 / 자본 손익 비중

안정성을 높이기 위해 채권, 주식, 리츠 등의 자산에 고루 투자하여 이자, 배당, 임대료 등 다양한 형태의 지속적인 인컴 수익을 수취하면서도 자본 수익의 기회도 잡을 수 있도록 하이브리드 형태로 운용하는 것이다.

다양한 자산군에 투자함으로써 낮은 변동성을 갖춘 것도 TIF 전략

순위	2013년	2014년	2015년	2016년	2017년	2018년	2019년	2020년	2021년
1	미국배당주 29.1%	미국부동산 26.1%	EM국채(USD) 1.5%	미국배당주 22%	글로벌인프라 19.1%	미국국채 0%	글로벌인프라 25.8%	전환사채 54.5%	미국부동산 42.5%
2	글로벌배당주 22.7%	미국배당주 15.4%	미국부동산 1.2%	미국하이일드 15.3%	전환사채 17.3%	시니어뱅크론 -0.6%	미국부동산 24.9%	미국투자등급 11.3%	미국배당주 32.2%
3	전환사채 22.4%	글로벌인프라 12.1%	글로벌배당주 1%	글로벌배당주 12%	미국배당주 15.4%	미국하이일드 -1.5%	미국배당주 23.1%	미국국채 7.5%	글로벌배당주 18.5%
4	글로벌인프라 14%	글로벌배당주 8.9%	미국국채 0.5%	글로벌인프라 11.4%	EM국채(LCL) 14.7%	전환사채 -1.8%	전환사채 22.8%	EM국채(USD) 5.2%	글로벌인프라 11%
5	미국하이일드 5.9%	미국투자등급 8.7%	전환사채 -0.3%	시니어뱅크론 10.9%	글로벌배당주 13.3%	미국투자등급 -3.7%	글로벌배당주 22.8%	미국하이일드 4.7%	미국하이일드 4.5%
6	시니어뱅크론 5%	전환사채 8.2%	미국투자등급 -0.7%	전환사채 10.7%	EM국채(USD) 9.3%	EM국채(USD) -4.2%	미국투자등급 17.3%	EM국채(LCL) 3.5%	시니어뱅크론 3.5%
7	미국부동산 -1.5%	EM국채(USD) 7.2%	우선주 -1.1%	EM국채(LCL) 10%	글로벌투자등급 7.3%	글로벌배당주 -5.6%	미국하이일드 14.7%	시니어뱅크론 2.8%	전환사채 3.1%
8	미국국채 -2%	우선주 6.9%	미국배당주 -1.6%	EM국채(USD) 9.3%	미국부동산 7.2%	미국부동산 -5.6%	EM국채(USD) 13.3%	우선주 1.6%	우선주 1%
9	미국투자등급 -2.4%	미국국채 6%	시니어뱅크론 -2.8%	미국투자등급 6.4%	미국하이일드 6.3%	미국배당주 -5.9%	우선주 10.7%	글로벌배당주 -2.3%	미국투자등급 -1.5%
10	EM국채(USD) -6%	미국하이일드 2.1%	미국하이일드 -5%	미국국채 2.6%	미국국채 3.5%	EM국채(LCL) -6.9%	시니어뱅크론 10.7%	미국배당주 -4.6%	미국국채 -1.5%
11	우선주 -6.7%	시니어뱅크론 1%	글로벌인프라 -12.2%	미국부동산 0%	시니어뱅크론 3.3%	우선주 -10.2%	EM국채(LCL) 10.1%	미국부동산 -5.2%	EM국채(USD) -2.3%
12	EM국채(LCL) -8.3%	EM국채(LCL) -5.2%	EM국채(LCL) -14.3%	우선주 -4.2%	우선주 2.5%	글로벌인프라 -10.4%	미국국채 8.7%	글로벌인프라 -6.5%	EM국채(LCL) -9.2%

출처: 블룸버그, 미래에셋자산운용

의 장점이다. 자산 배분 원칙에 따라 다양한 자산군에 투자하여 포트폴리오의 위험은 낮추고, 위험 대비 기대 수익률은 높일 수 있다. 앞 페이지 표를 보면 실제 시장 상황에 따라 매년 자산군별 수익률이 바뀌는 것을 확인할 수 있다. TIF 펀드는 이러한 다양한 자산군에 분산 투자함으로써 수익률이 좋은 자산군에 대한 투자를 놓치지 않으면서 안정적으로 투자할 수 있다.

이러한 낮은 변동성은 자연스레 제한적인 최대손실률MDD: Maximum Drawdown이라는 장점과 연결된다. 자금의 안정적인 운용을 위해 제한적인 손실률이 매우 중요하다. 원금이 -10%가 난 경우에는 원금 회복을 위해 11%, 12% 정도의 수익만 보면 되지만, 원금이 -50%가 넘는 경우에는 수익률이 100%가 넘더라도 원금 회복이 어렵기 때문이다. 현재로서 TIF 전략을 사용하는 국내 ETF로는 TIGER 글로벌멀티에셋 TIF액티브가 유일하다.

TIF ETF 예시	
	2023. 7. 31. 기준
	TIGER 글로벌멀티에셋TIF액티브
총 보수(연, %)	0.55
상장일	2022. 8. 30.
시가총액(억 원)	250

출처: ETF CHECK

글로벌 ETF

05 연금계좌로 ETF에 투자하라

누구나 은퇴 후 여가를 즐기며 꿈꾸던 삶을 영위하고 싶을 것이다. 하지만 현실에서는 은퇴 후 생활비나 의료비를 마련하지 못해 어려움을 겪는 노인들의 사례를 적지 않게 찾아볼 수 있다. 실제로 한국은행의 통계에 따르면, 2022년 기준으로 한국의 노인 인구(65세 이상)는 900만 명이 넘었으며, 이는 전체 인구의 17.5%에 달한다. 노인 빈곤율은 약 43.8%로, 이는 선진국 평균의 2배 이상에 달하는 수치이다.

반면 기대수명은 점점 증가하고 있다. 다시 말해 은퇴 후의 삶이 점점 길어지고 있다. 가난하게 오래 사는 노후를 원하는 사람은 없을 것이다. 이는 은퇴 후를 철저히 대비하지 않는다면 암울한 미래로부터 자유로울 사람은 없음을 의미하는 것이기도 하다. 따라서 노후 설계는 보다 체계적으로 이루어져야 하며, 체계적인 노후 설계의 열쇠인 '연금 계좌'의 중요성은 더욱 증가하고 있다.

연금계좌 살펴보기

연금은 크게 개인연금과 퇴직연금으로 구분된다. 먼저 개인연금은 개인이 선택적으로 가입하여 장기적으로 저축하는 연금 제도이다. 개인은 현재 개인연금제도에서 연금저축펀드, 연금저축보험 중 하나를 선

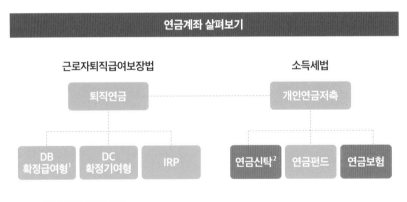

ETF 투자가 가능한 계좌

1) 퇴직연금 감독규정상 DB에서 ETF 투자가 가능하지만, 근로자가 특정 ETF를 선택하여 투자할 수는 없다.
2) 연금저축신탁은 2018년부터 판매 중지되었다.

택할 수 있다(연금저축신탁은 현재 신규 가입이 불가능하다). 이때 ETF를 통해 포트폴리오를 구축하고 싶다면 연금저축펀드를 선택하면 된다. 개인연금은 세제 혜택, 자유로운 가입 및 해지 가능 그리고 다양한 상품에 투자 가능하다는 장점이 있다.

다음으로 퇴직연금은 기업이 나중에 지급할 퇴직금을 나누어 불입해 주는 계좌이다. 즉 기업이 임직원들에게 제공하는 노후 대비 연금 제도로, 회사와 임직원이 함께 참여한다는 점에서 개인연금과 차이가 있다. 퇴직연금은 그 안에서도 DBDefinded Benefit(확정급여형)와 DCDefined Contribution(확정기여형) 2가지로 나뉜다.

먼저 DB형은 확정급여형으로 회사가 자금 운용을 책임지며, 근로자 입장에서 연금 수령액이 거의 정해져 있어 안정적인 연금이 보장된다. 회사는 근로자의 자금을 운용하되, 결과에 상관없이 정해진 금액만큼 근로자에게 지급하면 되는 것이다. 반면 DC형은 확정기여형으로 근로자 본인이 자금을 운용할 수 있으며 이에 따라 퇴직연금 수령액에 대한 리스크와 수익이 근로자에게 귀속된다는 점이 특징이다.

따라서 퇴직연금 투자 전 내 퇴직연금의 유형을 파악하는 것이 선행되어야 한다. 퇴직연금 유형은 금융감독원 연금포털시스템에서 확인할 수 있다. 회사의 퇴직연금이 직접 운용할 수 있는 DC형 계좌라면 자유롭게 투자 상품을 선택할 수 있다. 반면 퇴직연금이 DB형이라면 개인이 운용할 수 없지만, 이 경우 IRP를 활용해 투자할 수 있다.

IRPIndividual Retirement Plan는 개인형 퇴직연금이라는 뜻으로 근로자

개인연금과 퇴직연금 비교		
구분	개인연금	퇴직연금(DC/IRP)
투자 가능 상품	ETF/펀드	ETF/펀드/예적금
위험자산 투자 한도	없음	위험자산 최대 70%
레버리지/인버스	불가	불가
선물 투자 ETF	가능	불가
합성형 ETF	가능	가능(일부만)
상장 인프라/리츠	가능	가능
매매수수료	있음	없음

출처: 미래에셋자산운용

가 추가적인 연금 확보를 위해 자율적으로 가입하거나, 퇴직 시 퇴직 급여를 계속해서 운용할 수 있는 제도이다. 즉 재직 중 추가 납입하거나 퇴직금을 수령 시 보관 및 운용할 수 있어 개인연금과 퇴직연금의 성격을 둘 다 가지고 있다고 할 수 있다. 단, 소득이 있거나 퇴직한 사람만 가입할 수 있다.

2012년 7월 26일부터는 DC형, DB형 모두 퇴직급여를 IRP를 통해 수령하는 것이 의무화되었다. 만약 퇴직 후 일시금을 원한다면 IRP를 해지하고 수령하면 되는데 이때 퇴직소득세 16.5%가 발생한다.

개인연금/퇴직연금 투자 불가 상품

단 연금은 노후에 사용할 실질적인 자금인 만큼 투자 시 주의해야 할 점들이 있다. 먼저 투자 불가능한 상품이 있다. 개인연금과 퇴직연금 모두 레버리지/인버스 ETF 투자는 불가하며, 퇴직연금은 퇴직연금 감독규정에 따라 주식/주식혼합형 ETF에는 최대 70%까지만 투자 가능하다. 나머지 30%는 채권/채권혼합형 ETF 등 안전자산으로 분류되는 상품에 투자해야 한다. 만약 퇴직연금 내 주식투자 비중을 늘리고 싶은 투자자의 경우 안정 자산으로 분류되는 채권혼합형을 활용해야 한다.

예를 들어 70%는 주식형 ETF인 TIGER 미국테크TOP10에, 30%는 TIGER 테슬라채권혼합Fn에 투자했다고 가정해 보자. TIGER 테슬라채권혼합Fn은 테슬라와 국채의 비중이 3:7로 다음과 같이 투자한다면 글로벌 핵심 성장주에 80% 투자하는 효과를 낼 수 있다.

TIGER 퇴직연금 활용 예시	
안정적 포트폴리오 운용	미국 주식 비중 극대화
TIGER 테슬라채권혼합Fn 100% 투자	TIGER 미국테크TOP10 INDXX(예시) 70% 투자 + TIGER 테슬라채권혼합Fn 30% 투자 = 글로벌 핵심 성장주에 약 80% 투자하는 효과

출처: 미래에셋자산운용

연금계좌 내 ETF 세제 혜택

앞서 살펴본 바와 같이 ETF는 연금 투자의 핵심인 분산 투자가 용이하며, 일반 펀드 등 다른 금융 상품 대비 운용 보수가 낮아 장기 투자가 적합하다. 이러한 이점 덕분에 ETF를 활용한 연금 투자에 관심을 가지는 투자자가 지속해서 증가하고 있다. 하지만 연금 계좌를 활용한 ETF 투자의 진정한 장점은 세제 혜택이라고 할 수 있다.

연금계좌의 세제 혜택과 그 중요성을 알기 위해 앞서 확인한 ETF별 세제 구분에서 살펴본 표를 다시 볼 필요가 있다. 국내 상장 ETF는 매매차익에 대해 15.4%(소득세 14%, 지방소득세 1.4%)의 세금을 과세한다. 다만 국내주식형 ETF의 경우 과세 대상에서 제외된다. 국내 주식 투자 시 매매차익에 대한 세금을 부과하지 않기 때문에 형평성 측면에서 국내 주식형 ETF도 과세하지 않는 것이다.

정리하자면 국내주식형 ETF는 매매차익에 대해 비과세이며, 그 외

일반 계좌 ETF 거래 시 세금			
구분	국내주식형 ETF	기타 ETF (해외주식형, 채권형 등)	해외상장 ETF (직접 투자)
증권거래세	없음		
매매차익에 대한 세금	없음	15.4%(배당소득세)	22%(250만 원 공제)
분배금	15.4%(배당소득세)		
손익 통산 과세	해당 없음		손익 과세 적용

ETF는 매매차익에 대해 15.4%의 배당소득세가 부과된다. 다만 분배금은 ETF의 유형에 상관없이 전부 15.4%의 배당소득세를 부과한다.

연금계좌를 활용하여 ETF에 투자한다면 세제 혜택을 통해 이를 극복할 수 있다. 매매차익과 배당 수익에 대한 과세이연이 가능하기 때

연금 계좌 ETF 세제 혜택

해외 주식형 및 기타 ETF - 채권형 ETF, 해외주식형 ETF, 파생형 ETF, 원자재 ETF

	일반 계좌에서 거래할 때	연금 계좌에서 거래할 때
매매차익	과표기준가격 차이와 실제 매매차익 중 적은 값에 대해 배당소득으로 **15.4% 과세**	과세 이연
분배금	배당소득으로 **15.4% 과세**	
인출할 때		연금으로 받으면 **연금소득세 3.3~5.5%** 연금 외 수령 시 **기타소득세 16.5%**

국내 주식형 및 기타 ETF

	일반 계좌에서 거래할 때	연금 계좌에서 거래할 때
매매차익	비과세	과세 이연
분배금	배당소득으로 **15.4% 과세**	
인출할 때		연금으로 받으면 **연금소득세 3.3~5.5%** 연금 외 수령 시 **기타소득세 16.5%**

*과세 이연은 세금 납부 시점을 미뤄 주는 것을 의미하며, 연금 수령 시 연금소득세(5.5~3.3%)로 과세되며, 연금 외 수령 시 기타소득세(16.5%)로 과세된다.
※과세 기준 및 과세 방법은 향후 세법 개정에 따라 변경될 수 있다.

출처: 미래에셋투자와연금센터

문이다. 연금 계좌 내 ETF 거래 시 매매차익과 분배금에 부과되는 모든 세금은 연금 수령 시기로 이연된다. 일반 계좌에서는 바로 납부해야 하는 세금의 지급 시기를 이연시킴으로써 장기 투자의 꽃인 복리 효과를 극대화할 수 있고 금융소득종합과세에 대한 걱정도 덜 수 있는 것이다. 또한 연금을 만 55세 이후 연금으로 수령 시 연금 수령 한도 내 인출한 연금소득에 대해서는 낮은 세율(3.3~5.5%)이 적용된다는 것도 장점이다.

뿐만 아니라 연금 계좌는 매년 연말정산 시 납입금액에 대한 세액 공제 혜택도 받을 수 있다. 연금저축과 IRP를 합쳐 연간 1,800만 원까지 납입이 가능한데, 이중 연간 최대 600만 원(IRP 합산 최대 900만 원)까지 세액 공제를 받을 수 있다.

예를 들어 직장인으로서 기존에 연금저축계좌만 가지고 있어 600만 원까지 세액 공제를 받을 수 있었다면, 여기에 IRP를 추가로 가입

연금 계좌 세액 공제		
구분	세액 공제 한도 (연금저축 납입한도)	세액공제율 (지방소득세율 포함)
총 급여 5,500만 원 이하 또는 종합소득금액 4,500만 원 이하	최대 600만 원 (IRP 합산 최대 900만 원)	16.5%
총 급여 5,500만 원 초과 또는 종합소득금액 4,500만 원 초과		13.2%

※ 2023.1.1 이후 납입 및 연금수령분부터 적용
※ 연금저축계좌 관련 세제는 소득세법 등 관련 법령의 개정 등에 따라 변경될 수 있으니 유의해야 한다.

함으로써 공제 혜택을 늘릴 수 있게 된다. 참고로 연간 총 900만 원을 저축할 계획이라면 연금저축에 최대 600만 원을 저축하고, 나머지는 IRP에 저축하는 것이 공제 혜택을 극대화하는 방법이다.

세액공제율은 세액 공제 대상 금액으로부터 세금 환급액을 정하는 비율이다. 총 급여가 5,500만 원 또는 종합소득금액이 4,500만 원 이하라면 연금 계좌 및 IRP 납입금액에 대한 세액공제율은 16.5%이며, 총 급여가 5,500만 원 또는 종합소득금액이 4,500만 원을 넘어선다면 13.2%의 세액공제율이 적용된다. 예를 들어 총 급여가 5,000만 원인 근로자가 최대 공제액인 900만 원을 저축한 경우 연말정산 시 16.5%의 세액공제율이 적용되어 148.5만 원의 세금을 돌려받을 수 있다.

따라서 연금계좌 내에서 장기 투자에 적합한 ETF를 활용한다면 낮은 운용보수, 세제 혜택, 세액 공제 이 삼위일체를 통해 강력한 복리의 마법을 누릴 수 있다. 이처럼 국가에서 개인의 노후를 위해 제공하는 연금 정책을 활용한다면 보다 쉽게 원하는 투자 목표를 달성할 수 있을 것으로 기대된다.

노후를 대비한 체계적인 계획은 점점 중요해지고 있다. 이러한 상황에서 연금 제도는 노후 생활의 경제적 안정을 확보하기 위한 핵심 요소이다. 연금계좌를 통해 ETF에 투자하면 세제혜택은 물론이며 장기적인 시각에서 다양한 자산에 저렴한 비용으로 분산 투자할 수 있다. 이를 통해 노후 자금의 안정성과 수익성을 동시에 추구하며, 금융 시장의 변동성에 대한 리스크를 줄일 수 있다.

연금 계좌를 활용한 ETF 투자를 결심했다면, 다음으로는 어떤 ETF 가 좋은 투자처가 될지 공부하고 탐색할 수 있는 시간을 가지도록 하자. 이 책이 당신의 ETF 탐색에 필요한 시간과 비용을 아껴 줄 수 있는 길라잡이가 되었으면 한다.